ほんとうは恐ろしいお金《マネー》のしくみ

日本人はなぜ
金持ちになれないのか

元国税調査官
大村 大次郎

ビジネス社

はじめに

お金……。

「命の次に大事」

などとも称され、我々の人生や社会に、大きな影響を及ぼすものである。

我々は、お金のために汗水たらして働き、お金のために泣いたり喜んだり、自殺する人もいる。

また国同士の関係では、お金のために敵対したり、はては戦争をしたりもする。

世界中の頭脳は、お金を中心に回っているとさえ言える。

世界の優秀なビジネスマンたちは、コンピュータなどのありとあらゆる先進技術を駆使し、

「金をいかに増やすか」

ということに寸暇を惜しんで熱中し、人生の多くの時間を費やしている。

また東大出身の高級官僚や日銀の行員たちは、

「財政を健全化するには、どうすればいいか」

「財政を健全化するための金利は、いくらにすればいいか」

など、日夜、その高度な頭脳のすべてを傾けて、お金を分析、研究している。

しかし不思議なことに、彼らの誰一人として、「お金の仕組み」そのものについて疑問を発することはまずない。

まるで、お金は神のように絶対的で、ゆるぎない存在であるかのように扱われているのだ。


ところで、あなたは今のお金の仕組みが、どのようにつくられたのかご存知だろうか？

ほとんどの人は、お金の仕組みは、世界の賢い学者たちによって綿密に制度設計されたものと思っているはずだ。お金にはきちんとした基準があり、価値が保証されたうえで、世の中に出回っているものと信じ切っている。

しかし、お金は、実は綿密に計算されたものでもなければ、計画的に制度設計されたたものでもない。

信じられないかもしれないが、今のお金の仕組みの原型は、17世紀のヨーロッパの商人が気まぐれで始めた悪徳商売にあるのだ。その悪徳商売の発展により、なし崩し的に現在の紙幣ができあがり、世界各国が「これを通貨としましょうか」ということに、「なんとなく決めてしまった」のである。

つまり、お金の仕組みは非常に無計画で、いい加減につくられたものなのだ。

現在は、金融工学や経済理論が非常に発達していると言われている。

しかし、高度に発達したはずの金融工学や経済理論も、実は、17世紀の商人の悪知恵によってつくられたお金の仕組みを前提としているのである。

はっきり言えば、中身はとてもチャチで不完全なものなのだ。

また、現在のお金は、以前（半世紀前）のような、「貴金属との兌換保障」もされていない。

貴金属との交換が約束されているわけでもなく、綿密に計算されてつくられたわけでもないお金を、我々は日々血みどろになって追いかけているのだ。

しかも、この「超いい加減」で不安定なお金の仕組みについて、人類はこれまで本気で改善しようとしたことはほとんどないのである。

筆者がこれから述べていくお金の成り立ちや欠陥は、何も筆者が大発見したものではない。

少しでも金融や経済を学んだ者ならば、誰もが常識として知っていることである。金融の歴史の本を開けば、ごく初期の段階で基本事項として登場する事柄ばかりである。誰もが知っていることでありながら、放置されてきたのである。

そして、この「お金の仕組み」の欠陥は、人類には大きな災いをもたらしてきたのだ。

それを本書で解き明かしていきたい。

第1章

「お金の仕組み」は欠陥だらけ

第2章

信じられないほどいい加減な「お金の成り立ち」

第3章

現代の紙幣はただの紙切れ

第4章

「お金の欠陥」と「日本のデフレ」の関係

第5章

〝国連版仮想通貨〟の発行を

第1章

「お金の仕組み」は欠陥だらけ

そもそも「お金の仕組み」は矛盾だらけ

あなたは、お金というものが、どうやって発行され、どうやって社会に流れてくるのかご存知だろうか？

「お金は中央銀行が発行し、市中に流している」

多くの人は、そう答えるだろう。

では、中央銀行が発行したお金は、どういうルートで社会に流れ出てくるのだろうか？

これは経済学を学んだ人でもなかなか答えられないケースが多い。

実は、答えは「借金」である。誰か（主に企業）が、銀行からお金を借りることによって、お金は社会に出回るのだ。

中央銀行からお金が社会に出てくるには、次のようなルートをたどる。

中央銀行（日本の場合は日銀）

貸出

▼

金融市場（一般の銀行など）

貸出

▼

企業など

取引、給料などでの支払い

▼

個　人

このように、お金というのは、必ず社会の誰か（主に企業）が銀行からお金を借りることで、社会に流れ出てくるのである。

そして驚くべきことに、お金が社会に出るためのルートは、これ一本しかないのだ。

日本銀行は紙幣を印刷しているが、それを日本銀行が自由に使うことはできない。政府もまた、日銀が発行した紙幣を勝手に使うことはできない。

日銀が発行した紙幣は、貸出という形で一般の銀行に放出される。そして、一般の銀行も、貸出という形で企業などに流すのである。

そのお金が、回り回って我々のところに来ているのだ。

社会で使われているどんなお金も、元をたどれば誰かの借金なのである。あなたが会社からもらっている給料、事業で稼いだ金なども、もともとは必ず誰かの借金として社会に出てきたのだ。

貿易などで得た外貨を円に交換するときも、新しいお金が社会に出てくることになるが、その外貨は外国において誰かの借金により社会に流れ出たものなので、煎じ詰めれば、これも「誰かの借金」ということになる。

あなたは誰かに借金をした覚えはないかもしれない。が、あなたが手にしたお金は、必ず、元をたどれば誰かの借金だったのだ。

つまり、世の中に出回っているお金というのは、実は、すべてが借金なのである。

また借金とは、いずれ返さなくてはならないものである。

つまり、今、社会に出回っているお金がすべて「借金」である限り、いずれ銀行に回収されるべきものなのである。社会が保有し続けることはできないお金なのだ。

しかし、社会には、お金を保有し続けたいという欲求も当然働くし、もう借金はしたくない（しない）という欲求も働く。その欲求が強くなると、社会のお金の仕組みは、たちまち機能不全に陥ってしまうのだ。

このように今のお金の仕組みは、重大な矛盾、欠陥を抱えているのだ。そして、このお金の欠陥が、環境破壊、貧富の格差など世界中のあらゆる問題の1つの要因になっているのだ。

まずこのことを念頭に置いておいていただきたい。

社会のお金の量は「借金の量」で決まる

ところで、あなたは、社会に流通するお金の量は何によって決められるかご存知だろうか？

お金の流れ

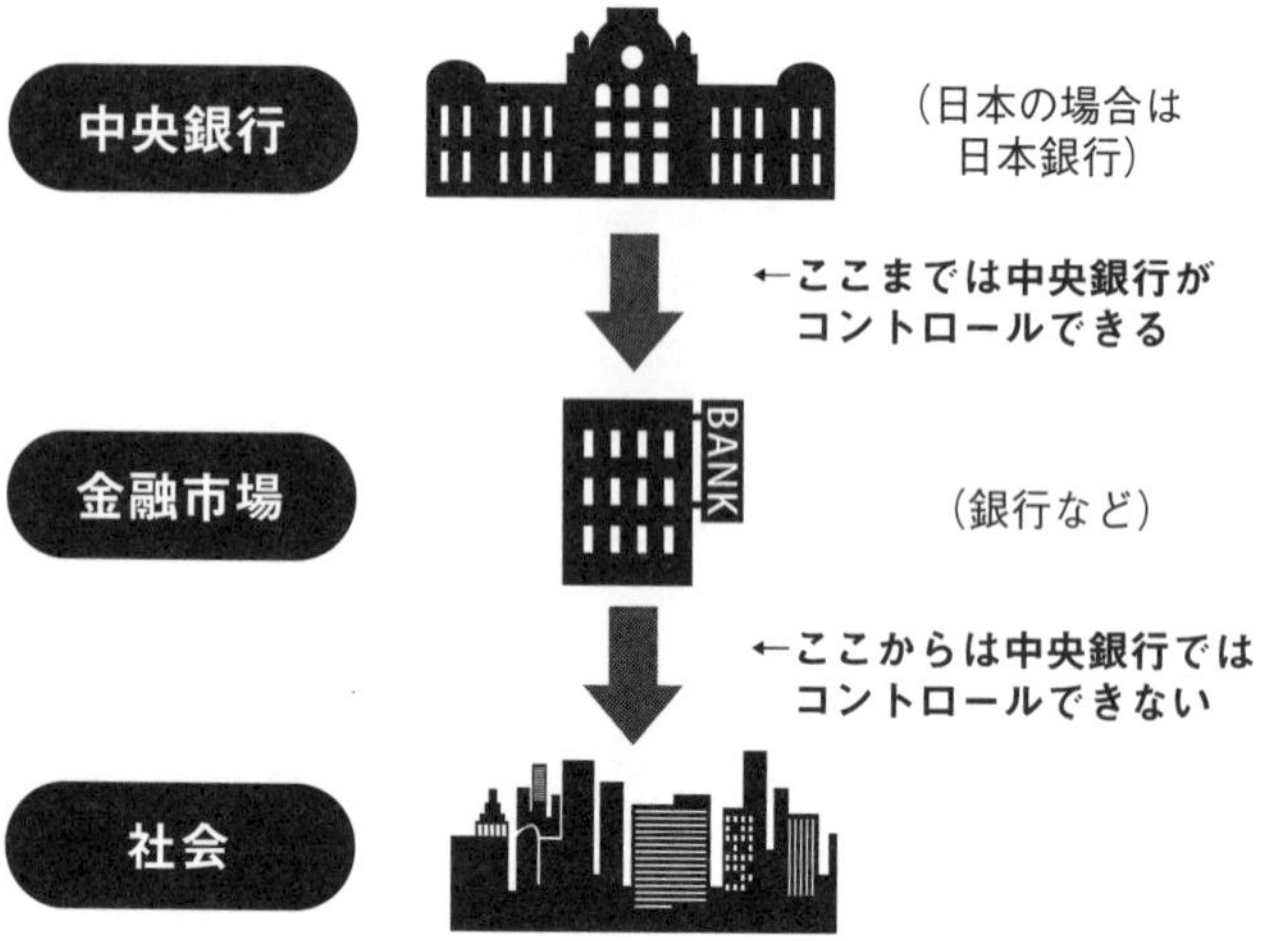

少し金融に詳しい人ならば、「中央銀行の金融政策によって決まる」と答えるかもしれない。

しかし、それは正解ではない。

確かに中央銀行は金利の上げ下げをしたり、国債などを売買したりして、お金の流通量をある程度コントロールすることはできる。

が、中央銀行がコントロールできるのは、「金融市場のお金の量」までである。

お金というのは、中央銀行から金融市場に流れ、その後、金融市場から社会に流れるようになっている。

中央銀行が金融政策によってコントロールできるのは、金融市場に流れるお金までなのだ。

もう少し具体的に言うと、中央銀行は金融市場のお金を潤沢にして、「社会にお金を流れやすくすること」まではできる。しかし、金融市場から社会にお金が流れていくかどうかは、社会の動向にかかっている。

「社会が、金融市場からどれだけお金を調達するか」が、「社会に流れるお金の量」を決定するのである。

もっとざっくり言えば、「社会が金融市場からお金をどれだけ借りるか」。それが、社会に流れるお金の量を決めるのだ。

中央銀行がいくら金融緩和をして、金融市場の資金を潤沢にしたところで、社会が借金をしたがらなければ、社会にお金は回らないのである。そして、実際にそういうことはままあるのだ。

つまりは、社会に流通するお金の量というのは、完全にコントロールすることは不可能なのである。

「社会のお金」は常に不足している

ここで考えていただきたいことがある。

世の中に出回っているお金が、どれも借金ということであれば、世の中のお金は、いずれすべてを銀行に返さなくてはならないはずだ。

しかも、「利子をつけて」である。

ここに、まずお金というものの第一の矛盾がある。

世の中に出回っているお金は、借金の「元本」だけである。

利子をつけてお金を貸してくれる銀行などはないので、元本の分のお金しか、世の中に出回っていないのは、当たり前である。

が、借金は利子をつけて返さなくてはならない。そうでなければ、法律的に罰せられることになる。

ということは、社会全体から見れば、銀行から社会に供給されたお金以上のお金を銀行に返さなくてはならない、ということになる。

たとえば、日本銀行が、日本社会全体に対して、100兆円を貸していたとする。利子は1%である。

となると、日本社会全体は、101兆円を日本銀行に返さなくてはならない。しかし、日本社会全体に供給されているお金は、100兆円しかないはずである。

利子分の1兆円は、どうやって返せばいいのか?

日本社会は、日本銀行に借金を全額返済しようと思っても、必ず1兆円分の不足が出るはずである。


このままいけば日本社会は借金を返せずに、破綻ということになってしまう。

が、日本社会はこれまで破綻しなかった。

なぜか?

それは、新たに借金をするからである。

100兆円を借りた後も、社会は借金をし続ける。

そのため、社会全体のお金が増量し、前に借りた100兆円は利子をつけて返すことができるのである。

現在の経済社会というのは、そうやって回っているのだ。

これは日本に限らず、世界中でそういう仕組みになっている。

が、これは、「新たに借金をすることで、前の借金を返す」というスキームである。

多重債務者と同じである。

そして、借金が完済されることはない。借金を完済するだけのお金は、社会に出回っていないからである。

そして、社会は常に新しい借金を繰り返さなくてはならない。そうしないと、社会にお金が流れないからである。

つまりは、我々の社会は「新たに借金をし続ける」ということを義務付けられているのだ。

社会全体が借金を完済すれば金融は破綻する

この事実を見たとき、ある疑問を感じないだろうか？

もし、借金をした人がお金を返してしまえばどうなるのか？　ということである。

借金をしている人がお金を返すということは、経済活動としては普通のことであり、しごく健全なことである。

しかし、世の中に出回っているお金がすべて借金ならば、その借金が返された場合、世の中のお金はなくなってしまうことになる。

「そんなことはあり得ない」と思う人も多いかもしれない。

しかし、それはあり得ないことではない。

というより、実際、そういう現象が起きている国がある。

それは日本である。

日本ではバブル崩壊以降、企業はなるべく設備投資を減らし、借金を返す努力をしてきた。個人も大きな借金を抱えることはせずに、逆に貯蓄に励むようになった。

そのため、日本企業の内部留保金は450兆円に、日本人の個人資産は1800兆円にも膨れ上がった。

その結果、どうなったか?

日本は、深刻なデフレ経済に陥ったのである。世の中に流れていたお金の流れが収縮し、景気が悪くなったのである。

日本社会全体の借金が減ったために、社会のお金が銀行に返還され、お金の流れが悪くなったのである。

それを補うように、現在の日本では、政府が莫大な借金をしている。この莫大な政府の借金は、国家財政を不安にさせる要素となっている。

が、もし政府までもが健全財政となり、借金を返済してしまえば、日本社会からはお金がまったく姿を消してしまうのだ。

お金というのは根本的な仕組みにおいて、こういう非常に大きな矛盾、欠陥を抱えているのである。

そして、世界中に巻き起こっている様々な経済問題、社会問題も、実はこのお金の欠陥が大きくかかわっているのである。

我々は「拡大再生産」を義務付けられている

前述したように、現在のお金の仕組みは、社会全体が「昨日の借金を返すために、さらに大きな借金をする」ということで成り立っている。

社会は借金を常に増やし続けなくてはならない。借金が止まってしまうと、前の借金が返せなくなるからだ。

「社会全体が常に借金を増やし続けなければならない」というのは、どういう社会か？

その答えは、「拡大再生産」「拡大消費」である。

社会が借金を増やし続ける状態というのは、投資を増やし続けることである。投資を増やすには、その前提として「生産の拡大」がある。今よりももっと生産を拡大するときに、投資は増加される。

また生産を拡大するには、その前提条件として、「消費の拡大」がある。消費が拡大するから、生産を拡大させうるわけである。

逆に言えば、我々は常に消費を拡大させ、「拡大再生産」を続けていかなければ、成り立っていかないシステムの中にいるのだ。

社会全体を1つの工場になぞらえてみるとよくわかる。

この工場は、常に前年よりも借入金を増やさなければならない義務を負っている。借入金を増やすということは、それを返済するために、それに応じて売上や利益を増やさなければならないということだ。

売上、利益を増やすためには、常に新しく設備投資などを行い、生産量を増加させていかなくてはならない。

つまりは、社会全体が常に「拡大再生産」をしなければならない、ということである。

我々は、毎年毎年、生産を拡大し続けなくては崩壊してしまうという「システム」の中で暮らしているのだ。

自転車操業という言葉があるが、現代の通貨システムほどの自転車操業はないだろう。漕ぐのをやめれば、たちまち自転車は倒れてしまうのだ。しかも、自転車の速度を常に上げ続けなくてはならない。我々は、ただの自転車ではなく、速度を下げるだけで倒れてしまう特殊な自転車に乗っているのだ。

実際、世界経済全体を見れば、今のところ生産は拡大し続けている。

ご存知の通り、世界の経済成長率は、ほぼ常に上昇し続けている。だから、今のところ世界経済は一応、回っているのである。

しかし、もし世界全体の人々の暮らしが一定ラインに到達し、経済成長が落ち着いたらどうなるか？

世界経済は、たちまち破綻してしまうのである。

「皆が豊かになれば破綻」という恐怖のシステム

このように、現代のお金の仕組みは常に経済成長（拡大）をし続けなくてはならず、横ばいではダメなのである。

「もう我々は十分に稼いだし、十分に豊かになった、だからこれ以上、商売は拡大しなくていい、例年通りで十分だ」

というわけにはいかないのである。

もし我々が経済成長を望まず、生産の拡大をやめて、例年と同規模の経済活動を続けていくなら、社会全体の借金は増えなくなる。

何度も言うが、今の通貨システムは、「昨日よりたくさんお金を借りることで昨日の借金を返している」という状態なのである。だから、経済成長が止まれば、昨日の借金を返せなくなり、通貨システムは成り立たなくなるのだ。

我々の使用している通貨システムは、経済成長が横ばいではダメなのである。横ばいが続けば、システム全体が崩壊してしまうのである。

冷静的、客観的に見て、これは相当危険なシステムだと言える。

その国のインフラが整っておらず、国民の生活も豊かでないときには、投資は活発になり、その国の経済は生産や消費の拡充に動く。しかし、ある程度のインフラが整い、国民の生活も豊かになれば、投資は鈍化し、生産や消費も落ち着いてくる。これは、どの先進国もたどってきた道である。

発展途上国はまだその過程なので、投資は活発に行われており、つまりは借金は増えている。だから、世界経済全体では投資が増加しており、お金の流通量も増えている。

しかし発展途上国のインフラがそれなりに整備され、国民の生活も豊かになって投資が鈍化してきたら、どうなるか？

世界は新たな借金をしなくなり、必然的にお金の流通量が急速にしぼんでしまう。

世界経済は停滞し、破綻状態になってしまうだろう。

つまり、我々は「皆が豊かになれば破綻」という、非常にいびつなシステムの中にいるのだ。

「現代通貨システム」にとって節約は敵

「社会全体が常に借金を増やして、新しい投資を行い、生産を拡大し続けなくてはならない」

ということは、逆に言えば、

「社会は常に消費を拡大し続けなくてはならない」

ということでもある。

家庭生活で言えば、昨日より今日、去年より今年は消費を増やさなくてはならないのだ。生活の中で、より高い物を買ったり、より多くの物を買ったりしなければならないのである。

節約をして去年より消費を減らすのは、現代の通貨システムではタブーなのである。もし、全世界の家庭が節約をすれば、世界の通貨システムはたちまち崩壊してしまう。

なるべく無駄な消費は行わず、節約して生活することは、人にとって自然なことでもあり、環境にとっても優しいはずである。

が、そういう節約生活は、現代通貨システムにとってはもっとも避けるべき「悪」なのだ。

たとえば、国連の食糧農業機関（ＦＡＯ）によると、全世界で毎年13億トンの食糧が廃棄されているという。これは、全世界で生産される食糧の約３分の１にあたる。我々の世界は、生産している食料の３分の１を捨てているのだ。

食糧を作るためには、莫大なエネルギーを使っている。

この廃棄される食料をなくせば、その莫大なエネルギーを節減できるわけであり、環境への負荷も大幅に削減できる。

当然のことながら、食糧農業機関は、この廃棄食糧を削減するよう世界各国に働きかけている。

しかし、もし今、廃棄される食糧をゼロにしたなら、農業をはじめとする世界中の食糧産業が大きなダメージを受け、破綻してしまう。それは他のあらゆる産業に波及し、世界経済は大混乱に陥り、大不況に見舞われるだろう。

それも「拡大再生産しなければ成り立たない」という、現代の通貨システムが大きな要因だと言えるのだ（もちろん、それだけが要因ではなく、現代の経済活動の様々な欠陥が、この現象を生み出すことになっているが）。

現代通貨システムが環境破壊を引き起こした？

現代の人類は、「環境問題」という大きな課題を抱えている。

「環境破壊」や「エネルギー資源の枯渇」の危険性は、かなり以前から多くの学者などが主張してきたことである。

そして、地球温暖化の影響は、実際に世界各地に表れ始めている。昨今の狂気的な夏の暑さに恐怖を感じている人も多いはずである。

にもかかわらず、なかなか「環境破壊」「資源の消費」に歯止めがかからない。

これも実は「お金の仕組み」の欠陥が大きく関係しているのだ。

「環境破壊がすなわち通貨システムのせい」とまでは言えないが、通貨システムも大きな要因の1つであること間違いない。

現代の通貨システムは、常に投資を増やし、生産と消費を拡大しなければ成り立っていかない。

必然的に「自然の開発」「資源の消費」などは拡大の一途をたどる。

莫大な投資を呼び起こす「自然開発」などは、お金の回りをよくするためには格好のアイテムである。そして、より多くの資源を消費すれば、それだけ多くのお金が動くわけである。

現代の通貨システムは、「自然の開発」「資源の消費」が大好物なのだ。

必然的に世界全体が、「自然の開発」や「資源の消費」を促す方向に動く。

「自然の開発」を自重することや、「資源の消費」を減らすことは、現代通貨システムのもとでは、「悪」なのだ。

我々は「環境破壊や資源の浪費をしてナンボ」という通貨システムの中で生活しているのである。

現在の「お金の仕組み」にとっての正解はバブル経済

よく「デフレは景気が悪くなる」と言われる。

デフレというのは、物の値段が下がることである。

消費者からすれば、物の値段が下がることはありがたいことであり、生活は豊かになるはずだ。それで景気が悪くなるというのは合点がいかない。

本当は「物の値段が下がること」自体が景気に悪影響を与えるわけではない。

ただ社会全体の物の値段が下がっているときというのは、経済全体が収縮する場合が多い。そのため、景気が悪くなるのである。

物の値段が下がれば、お金の取引量がそれだけ減るということである。物の値段が下がってお金の取引量が減れば、投資する金額も下がっていくので社会全体の借金も減ってしまう。

何度も言うように、今のお金の仕組みは、どんどん借金をして社会のお金を増やさなければ崩れてしまうのだ。

我々は、常に借金を増やし続ける宿命にある。昨日の借金を返すためには、誰かがさらに大きな借金をしなければならない。

借金が増えると、必然的に社会のお金の取引量が増える。そして、お金の取引量が増えれば、物の値段が上がっていく場合が多いのである。

では、今の「お金の仕組み」にとって、正解は何かと言うと……。

それは「浪費」であり「バブル経済」なのである。

人々がどんどん浪費をし、物（土地を含む）の値段がどんどん上がる。それに乗じて物（土地など）を購入したり、商売を拡大するために、どんどん借金をする。

すると、社会のお金の取引量は加速度的に増え、さらに物の値段が上がる。

社会のお金の取引量が増えれば、人々はたくさんのお金を得ることができるので、「景気が良くなる」のである。

「お金の仕組みにとっての正解」と「人類の幸福」はマッチしない

しかし、お金の仕組みにとっての正解が、バブル経済だと言われると違和感を持つ人も多いのではないだろうか？

バブル時代を思い起こしても、土地の価格が狂乱的に上昇し、それに乗じて土地投機をする者が続出した。

高級品が飛ぶように売れ、誰もがタクシーを使うためにタクシーがなかなか捕まらない。

「金を持っている者が絶対的に偉い」

「楽をして稼ぐ者が偉い」

という価値観が社会に蔓延し、多くの人が投機的な商売に血眼になった。

あのバブル社会に違和感や、生きづらさを感じた人も少なくなかったはずである。

また、あのようなバブル社会をずっと続けていれば、もはや日本の土地は高すぎて土地として使用することは不可能になり、人々の浪費により社会は根底から枯渇してしまうはずである。

もちろん、あのままの社会が続けば、環境への負荷は今よりももっともっと激しいものになっていたはずだ。

バブル経済というのは、歴史的に見ても幾多の国や地域で起こっているが、どこも長続きはしなかった。それは、バブル経済が、やはり人類の社会にとって無理があったということだろう。

つまり今の「お金の仕組み」にとっての正解と、人類の幸福は、必ずしもリンクしていないのである。

大企業や大金持ちの要求が最優先される

現代の通貨システムには、さらに大きな欠陥がある。

それは、大企業や大金持ちの要求が最優先されることである。

経済社会というのは、強者の言うことが通るものなので、大企業や大金持ちの要求が最優先されるのは、当たり前のように思われるかもしれない。

が、現代の通貨システムは、そういうことではなく、そもそものお金の流れが、大企業や大金持ちが優先されるようにできているのだ。

中央銀行が発行した通貨（銀行券）が社会に流れる仕組みをもう少し細かく見ていきたい。

次ページの図のように、中央銀行は民間の銀行に通貨を貸し出し、民間の銀行はそれを企業や市民に貸し出す。

が、民間の銀行がお金を貸すのは、返済能力のある者である。必然的に、対象者は大企

お金が一般市民に回ってくるまでのルート

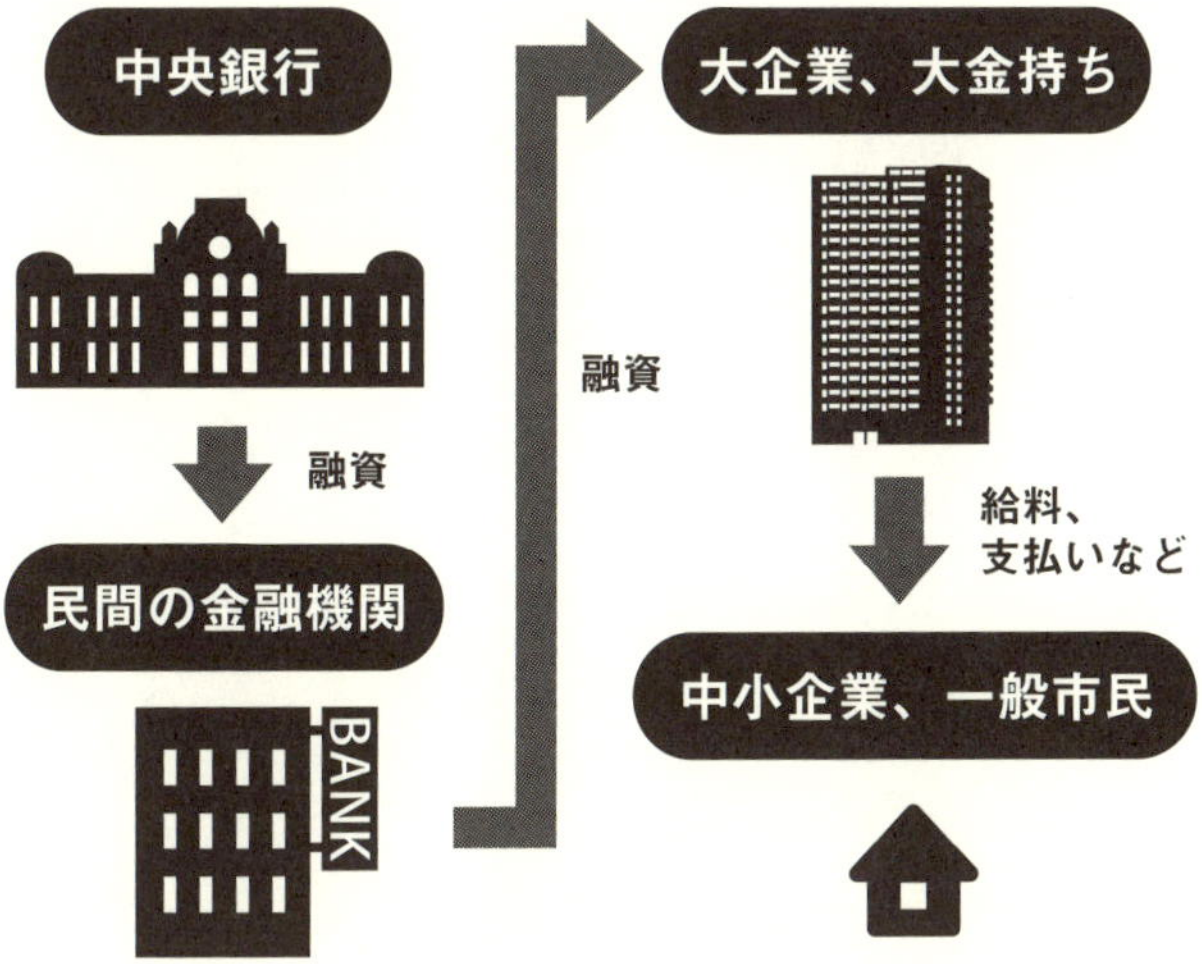

業や大金持ちになりがちである。だから、お金は、まず大企業や大金持ちに回り、その後、中小企業や一般市民に流れていくのだ。

となると、お金はまず大企業や大金持ちの要望を聞くことになる。一般市民の要望は二の次、三の次なのである。

たとえば、高級車を買いたいという大金持ちと、今日の食べ物を買いたいという貧乏人がいたとする。

銀行は、どちらにお金を貸すかというと大金持ちのほうである。

貧乏人に食べ物を買うお金が回ってくるのは、貧乏人が、大企業や大金持ちの要望に沿って、何らかの職を得て給料をもらったときのことである。だから、大金持ちが高級車を買うよりも、ずいぶん後のことになる。

つまり、現代の通貨システムでは、お金を持っている人がさらにお金を引き出すのは簡単だが、「お金を持っておらず切実にお金が必要な人」にお金が回ってくるのは、もっとも後回しにされてしまうということなのである。

これは、「環境破壊」にもつながっている。

銀行がお金を貸す事案というのは、「投資家や企業が儲けられること」である。投資家や企業は、お金を儲けるために銀行から金を借りるからだ。そして、お金を儲けるためには、投資したお金以上の収益を得なければならない。

余った食糧を買いたいという貧乏人には、銀行はお金を貸さない。自然を開発したり、天然資源を採掘しようとする金持ちのほうに、お金を貸すことになる。必然的に、浪費や環境破壊が進むことになるのだ。

我々は常に銀行の利益に振り回される

お金の仕組みには、まだやっかいなことがある。

それは、我々の社会は常に「銀行の利益」を確保してやらねばならない、ということである。

社会に出回っているお金は、銀行によって供給される。銀行が破綻すると、お金の供給源がなくなることになる。ということは、我々の社会は常に銀行に利益をもたらしてあげなくてはならないのだ。

具体的に言えば、「ある程度の利息を銀行に対して払い続けなくてはならない」ということである。

昨今、アメリカをはじめとする先進諸国は、金利を安くする「金融緩和政策」を敷いている。が、この低金利政策は、そのうち必ずやめなくてはならない。当局は「インフレ防止のため」と説明しているが、真実はそうではない。低金利が続くと銀行の経営が危なくなるからである。

銀行というものは、顧客から預かった預金や、中央銀行から借り入れたお金を、企業などに融資して、利ザヤを稼ぐことを生業にしている。金利が低いと、利ザヤの幅が狭くなり、銀行は儲けを出すことができない。

だから、銀行に利益をもたらすためには、必ず一定以上の金利を確保しなければならないのである。

景気を上向かせるために、金利を低く抑えていても、それは一時的な方策に過ぎず、各国の中央銀行は、必ず金利を戻さざるを得ないのである。それは、インフレになろうとなるまいと、である。

つまりは、我々の経済社会は、銀行の儲けに左右されるのである。

なぜこういう銀行本位の制度になっているのかというと、詳細は後述するが、現在のお金の仕組みというのは、そもそも金貸し（金融業者）が儲けるために作られたものなのである。だから、銀行が儲からなければ、現在のお金は成り立たないような仕組みになっているのだ。

我々は過酷な椅子取りゲームを強いられている

何度か触れたように、社会全体に流通しているお金は、社会全体が銀行に返すべきお金よりも常に少ない状態となっている。

これが、どういう意味なのか、考えてみて欲しい。

我々は、常に過酷な椅子取りゲームを強いられているようなものなのである。

我々が銀行に返すべきお金は、どうかき集めたって足りない仕組みになっているのだ。つまりは、常に誰かが「必要なお金を保有できない」状態なのである。常に、椅子が足りないのだ。

新しい椅子は次から次へと用意される。が、このゲームの参加者（新しく借金をする人）はそれ以上に増えている。

そして、椅子の多さや参加者の多さにごまかされてしまうのだが、椅子の数は参加者よりも確実に少ないのである。

こういう過酷なゲームの中では、やはり過酷な競争が繰り広げられることになる。

銀行からお金を借りた人たち、具体的に言えば、企業や投資家などは、お金を返すために、ありとあらゆる手段を講じて、このゲームをクリアしようとする。

しかも、彼らは、お金を返すだけではなく、自分たちの利益も出さなくてはならないのである。そうしないと、彼らは持続できないからだ。

社会に必要なお金（社会が銀行に返すべきお金）

＜

社会に存在するお金

ビジネス社会が騙し合いになる理由

この椅子取りゲーム的な「お金の仕組み」により、世の中の経済競争は非常に過酷なものとなっている。

今の社会には、アンフェアな方法でお金を稼いだり、人を騙してお金を稼ぐような者があふれている。というより、まったくフェアな方法でお金を稼いでいるような企業のほうが少ないのではないだろうか？

今の経済社会では、契約書の隅々までチェックしないと騙されてしまう。騙されたほうが悪いというような価値観さえある。

たとえば、携帯料金などは、その最たるものである。

携帯各社は、様々な割引サービスを提供しているが、その契約には巧妙な仕掛けがある。

一旦、契約すると2年間は解約できないようになっていたり（解約すると多額の違約金を取られる）、しかも2年経ったら、契約した月でないと解約できないような仕組みになっていたりする。その月に解約しなければ自動継続となり、他の月に解約しようとすると、多額の違約金を払わなければならないといった契約になっているのだ。

だから、2年経ったら解約しようと思っていても、その月にうっかり解約を忘れたら、事実上解約できないような仕組みになっているのだ。

これは、名の知れない小さな携帯会社がこっそりやっていることではない。日本の代表的な携帯会社たちがやっていることなのである。

もちろん、契約の際には、その点について携帯会社側から説明がされているので、契約自体は消費者の合意のうえということになっている。

しかし、いつもいつも携帯の契約に気を付けている人など、そうたくさんはいないので、うっかりしていて解約をしそこなう人も多い。携帯会社はそこを狙っているのである。

現代社会では、子供からお年寄りまで携帯を使っている。お年寄りなどは、このような巧妙な契約のいいカモになっている。

誤解を恐れずに言えば、各携帯会社というのは、消費者を甘く見て暴利をむさぼっているのだ。

そして、携帯に限らず、あらゆる産業において、同様の「汚い商売」が行われている。我々は、常に騙されないように気を張っていなければならないし、我々自身が、そういう商売に加担しているケースも多々ある。経済社会というのは、騙し合いの世界になっているのだ。

その原因のすべてが、「お金の仕組み」にあるわけではないだろう。

各人の心の持ち方も、汚い商売を生み出している大きな要因のはずだ。

しかし、各人がそういう心の持ち方になっていった要因の1つとして、椅子取りゲーム的なお金の仕組みがあることは間違いない。

常に椅子が足りない中で過酷な椅子取りゲームをしている我々は、自分たちが助かるためには、人を騙しても椅子を奪おうという方向に行ってしまいがちである。

つまりは、「お金の仕組み」の欠陥が、「世知辛い世の中」を作っている要因の1つだと言えるのだ。

貿易戦争もお金の欠陥が一因

世界中の国々は、貿易を黒字にしようと躍起になっている。

アメリカと中国の貿易における対立も、アメリカの対中赤字が多すぎる（中国の対米黒字が多すぎる）ことが要因である。

しかし、実は、これはおかしな話なのである。

国際収支が黒字になるということは、自国の富の持ち出し超過なのだ。だから、国際収支の黒字というのは、自国の富の増減から見れば、損なのである。

このことについては、ピンとこない人も多いだろう。

少し詳しく説明したい。

国際収支というのは、国と国が物やサービスの交換をしたその帳尻のことである。

そして「国際収支が黒字」とは、他国から受け取った分よりも、あげた分のほうが多い状態のことなのだ。

その埋め合わせとして、他国の通貨を受け取る。

「国際収支の黒字」と言うと聞こえはいいが、要は自国の富は持ち出しであり、その代価として「他国の通貨」が貯まっていくに過ぎないのだ。

たとえば、日本がアメリカに電化製品を1億ドル分輸出したとする。

しかし、アメリカからは何も輸入していない。となると、日本はアメリカのドルを1億ドルもらえることになる。

が、1億アメリカ・ドルというのは、使わなければただの紙切れである。

日本は、アメリカに電化製品を1億ドル分、提供しているのに、アメリカからは何ももらっていない、ということになる。

アメリカの国民は、日本の電化製品を1億ドル分手に入れた。しかし、日本の国民は、アメリカから品物としては何ももらっていないのだ。1億ドルという通貨をもらっただけである。

この1億ドルは、外貨準備として、この先、輸入に使うことはできる。しかし、現時点では、日本には何も入ってきていない。日本人は、一生懸命電化製品を作っても、見返りに何ももらっていないということになるのだ。

数理学的に言えば、輸出と輸入がほぼ見合うとき、国の富はもっとも大きくなる。輸出ばかりが突出すると、国の富は流出するだけなのである。

なのに、なぜ世界中の国が、国際収支の黒字に固執するのか？

それも、「お金の欠陥」が大きく影響しているのだ。

通貨切り下げ競争の不思議

昨今の国際貿易においては、通貨切り下げ競争もたびたび起きている。

通貨切り下げ競争は、自国の通貨のレートを低くして輸出をしやすくするものである。

たとえば、円とドルのレートが1ドル100円だったものを、日本が通貨を切り下げ誘導して、1ドルを110円にする、というようなことである。

ちなみに安倍政権の行っているアベノミクスという経済政策は、「通貨切り下げ」を目的としたものではないが、結果的に通貨切り下げを誘導したようになっている。

また最近では多くの先進国で、自国の通貨を切り下げようとする動きがある。

これはよく考えれば非常に不可思議なことなのである。

というのも、通貨の切り下げは、原理原則から見れば、自国の富の持ち出しになるからだ。自国の通貨が切り下げになれば、輸出はしやすくなる。しかし、輸入の代金はそれだけ跳ね上がる。そして、輸出入を合算した計算では、損をすることになるのだ。

たとえば、円とドルの関係で説明してみよう。

円とドルのレートが1ドル100円だったと仮定しよう。

そしてアメリカ製のiPhoneが1000ドル、日本製のテレビがこれも1000ドル（10万円）だったとする。

1ドルが100円だった場合は、日本とアメリカの貿易においては、日本製テレビ10台を輸出すれば、iPhone10台が輸入できたのである。

しかし、1ドルが110円になると、iPhone10台を輸入するためには、日本製テレビ11台をアメリカに渡さなければならないのである。

どう考えても日本の損である。

いくら輸出がしやすくなるといっても、輸入とのトータルで見れば損になるのだから、経済合理性はないはずだ。

にもかかわらず、なぜ先進諸国は、通貨切り下げをしたがるのか？

それも、「お金の欠陥」が大きく関係しているのだ。

国際収支の黒字で自国の通貨量が増えるカラクリ

先進諸国が、「自国が損をしても輸出を増やしたい」という行動に出るのは、お金のある性質に起因している。

現代のお金は、「国際収支が黒字になれば、自国通貨の国内流通量が増える」という性質を持っている。

だから、「自国通貨の国内流通量」を増やすために、無理してでも輸出をしているのである。

そのメカニズムを説明しよう。

社会のお金を増やすには、誰かが借金をすることの他に、実はもう1つルートがある。

それは国際収支が黒字になって、獲得した外貨を自国通貨に交換することである。

企業が外国で物を売ると、外貨を獲得することになる。企業は、その外貨を日本の銀行で円に交換する。その円を企業が使えば、日本社会に流通するお金（円）が増えるのである。

先ほどのように日本の電機メーカーが、アメリカに1億ドルの輸出をしたとする。

このとき日本の電機メーカーがアメリカで得た1億ドルは、日本に送られる。そして最終的には銀行で日本円に交換される。

となると1億ドル分だけ、日本円が増えることになる。

つまり、企業が借金を増やさなくても、お金の流通量が増えるのである。

お金の流通量が増えれば、景気が良くなったように見える（実際は富を持ち出ししているのに）。

このために、先進諸国は無理をしても輸出しようとするわけである。

しかし、貿易というのは、どこかの国が黒字になれば、必ずどこかの国がその分の赤字を背負うことになる。貿易赤字になれば、その分の自国の通貨が流出し景気が悪くなる。だから、どこの国も自国が黒字になるように、為替操作や様々な規制を敷くなどして、相手国からの輸入を減らそうとする。それが激しい応酬になり、「貿易戦争」といった状況が起きるのである。

今のお金は「作り物」に過ぎないのにコントロールできない

しかも今のお金にはさらに重大な欠陥がある。

それは、今のお金には「価値がない」ということである。

筆者は何も、「お金なんて人生において本質的な価値があるものではない」などと哲学的なことを言っているわけではない。

本当に価値がないのだ。

というのも、今のお金は、何かと交換する権利を有するものではなく、言ってみればただの紙切れなのである。

以前はそうではなかった。今から半世紀ほど前までは、紙幣は間接的にではあるが、貴金属と結び付けられていた。つまり、紙幣には金と交換できる権利が与えられていた。

しかし、1972年のニクソン・ショック以降、現在の世界中のほとんどの紙幣は、貴金属との交換はしていないのだ（詳細は後述）。

現在のお金のほとんどは「何かと交換する権利証」ではないので、その価値は、発行者の信用に左右されることになる。発行者というのは、具体的に言えば、その国の中央銀行である。

だから、その国の経済状態が悪化すれば、その国の紙幣はたちまち価値が下がったりするのだ。

そして、現在の紙幣は、ただの紙切れに過ぎないにもかかわらず、その流通量などを明確に調整することさえできない。

つまり、「ただの作り物に過ぎないのに、人がコントロールできない」という状態にあるのだ。たとえて言うなら、人の手によって作られたものなのに制御できなくなった「怪物フランケンシュタイン」のようなものなのである。

第2章

信じられないほどいい加減な「お金の成り立ち」

そもそも、お金はどうやって作られたのか？

このように、お金の仕組みは信じられないほどいい加減で、矛盾だらけなのだが、そもそも、お金はなぜこんな仕組みになっているのだろうか？

実はお金というのは、綿密に制度設計されて作られたものではない。

経済活動の歴史の中で、なし崩し的に生まれてきたものなのである。

お金がどうやって発明され、世の中に浸透していったか、ざっくり説明したい。

お金が発明されたのは、まず第一に「交換財」としての役割を果たすためであった。

お金が発明される以前、人類は、物を売買することはできず、物と物を交換する「物々交換」によって、交易を行っていた。

が、物々交換となると、交換相手が欲しいものをこちらが必ず持っているとは限らないし、交換レートの問題なども生じる。そこで、物と物を交換するときに、その取引を仲介する交換財として、「お金」が発明されたのである。

「世界で最古のお金」には諸説あるが、紀元前1600年ごろ、中国の殷王朝が貝を通貨の代わりにしたのが始まりだとされている。

お金は、当初は地域によって様々なものが使われ、中国のように貝を使ったりすることもあれば、大きな石をお金とする地域もあった。

が、だんだん、お金は貴金属に落ち着いてきた。

なぜお金が貴金属になっていったかというと、お金が成り立つ条件に、貴金属が一番近かったからである。

お金が社会で使用されるにはいくつかの条件がある。

主なものは、次の3つである。

1 誰もが価値を認める「物」であること

2 誰もが使用できる状態であること（持ち運びができるなど）

3 たくさんの人が使えるほど十分に供給されていること

この3つの条件を順に検討してみよう。

まず「1 誰もが価値を認める『物』であること」から。

通貨が流通する最低限の条件というのは、「人々が通貨の価値を認める」ことである。人々が通貨に価値があると認識することで、売買の代金として通貨を受け取るのだ。

もし、通貨の価値が認められていなければ、誰も通貨は受け取らず、価値があると認められる物と物との交換しかできなくなる。

次に「2 誰もが使用できる状態であること（持ち運びができるなど）」について。

通貨が市場で使用されるには、持ち運びが容易なものでないとならない。いくら価値があるといっても、大きな物であったり、不動産であったりすれば、お金としての使用はできないことになる。

そして、「3 たくさんの人が使えるほど十分に供給されていること」について。

当然のことながら、お金は、それなりの量が発行されていなければならない。

価値があり、持ち運びができるものであっても、量があまりに少なすぎては、社会がお金として使用するのは無理である。だから宝石などの類は、お金には向かないのである。

なぜお金の起源がコインなのか？

この「お金の3つの条件」を満たすのは、貴金属がもっとも近かったのである。

貴金属は、古代から多くの地域でその価値が認められているものであり、小さく加工して持ち運ぶこともできる。量もそれなりに確保できる。

そのため、貴金属は、かなり早い段階からお金として使用されるようになったのだ。

中国殷王朝の貝貨幣以前にも、メソポタミアなどでは、銀を通貨代わりとして使うようなこともされていた。が、それはコイン状にして使用されたのではなく、単に重量によって価値が設定されていた。

たとえば、紀元前2000年ごろの北メソポタミアのエシュンナ王の法典によると、人の鼻にかみついたときの罰金は銀1ミナ（約500g）と記されている。

古代エジプトでは、銅を通貨代わりにしていた時期もある。これもメソポタミアと同様、重量換算で使用していた。織物は銅10デベン（約455g）というようにである。

貴金属によるコイン状の貨幣が作られたのは、紀元前570年ごろ、リディア王国（現在のトルコ地域）においてだとされている。

当時、小アジアで勢力を持っていたリディア王国は、砂金と銀が2対1の割合で混ざり合ったエレクトラムという自然合金に恵まれていた。リディア王国の第二代王アリュアッテスは、このエレクトラムを使ってコインを製造した。この最初のコインはでこぼこだったがライオンの頭が刻印され、重さも均一だった。

リディア王国で作られたコインは、その利便性から、瞬く間に地中海一帯に広がった。それまで取引をする際には、交換手段である銀や銅の重量に換算しなければならなかったが、コインの登場により、枚数を数えるだけで済むようになったからだ。

これは、お金の3つの原則を満たした最初のものだと思われる。

そのため、リディア王国のコインは急速に普及し、「コイン」がお金のスタンダードになった。このリディア王国のコインが、現在のお金にもつながっているのである。

貴金属のお金の問題点

が、「貴金属で作られたお金」には、ある大きな問題があった。

それは「供給不足」の問題である。

お金が成り立つ3つの条件の1つとして
「たくさんの人が使えるほど十分に発行されていること」

があることを前述した。

貴金属のお金ができた時点では、お金の発行量はある程度確保されていた。しかし、経済活動が活発になるにつれて、お金の必要量も増大してくる。またお金が普及するにつれて、お金を貯めこむ人も増えていく。お金は、交換財としてだけではなく、貯蓄の手段としても使われるようになっていったのだ。

当然、お金をどんどん供給しなければならなくなる。が、貴金属のお金は、そう簡単に大量増発はできない。

貴金属の採掘量が激増することは、そうそうないからである。

経済活動が活発になり、お金の取引が増加しても、貴金属の採掘量が増えなければお金は増発されない。そのため、経済活動が活発になるに従って、人類は「お金の供給不足」という問題に直面することになるのだ。

この「お金の供給不足」に対して、各地の政府は古代から、貴金属の品位を下げるというような方法で対応してきた。

しかし、貴金属の品位を下げると、それまでのお金との兼ね合いから市場が混乱したり、極度なインフレになることも多かった。

前の通貨は金が10グラム含まれていたのに、新しい通貨は金が6グラムしか含まれていないとなると、みな新しい通貨の信用性に疑問を抱くし、古い通貨と新しい通貨を同額で交換したがらない。

そして、この混乱は貨幣制度自体の崩壊をもたらすこともあった。

たとえば、日本で最初につくられた貨幣は、和銅元（708）年に鋳造が開始された「和同開珎」だとされている（注）。

この「和同開珎」による日本の貨幣制度は、わずか50年程度しか続かなかった。なぜなら、材料となる銅が不足したからである。銅が足りないので、必要量の貨幣鋳造ができなくなったのだ。

そのため、朝廷は、和同開珎が鋳造されてから半世紀後の天平宝字4（760）年に、「万年通宝」という新しい貨幣の鋳造を開始する。この万年通宝は、和同開珎とほとんど変わらない材質なのに、「万年通宝」1枚で「和同開珎」10枚の価値があると定めたのだ。

似たような2つの銭に10倍の価値の開きがあるとなると、当然、人々はその価値に疑念を抱く。せっかく定着しかけた貨幣経済は、大きく混乱することになる。誰もが万年通宝の価値に疑問を持ち、設定価格どおりの交換には応じなくなっていった。

やがて奈良時代の日本では、貨幣そのものの使用がされなくなってしまったのだ。


この「貨幣不足を金属品位の低下で補う」という手法は、日本に限らず、世界中で行われてきたことである。中世ヨーロッパでも、金貨、銀貨の品位を下げることは幾たびも行われ、そのたびに経済社会に混乱をもたらしてきた。

「悪貨は良貨を駆逐する」

という有名なグレシャムの法則は、中世から近世にかけて、ヨーロッパ諸国が頻繁に貨幣の品位を下げたことから生まれたものである。

品位の高い通貨は誰もが自分で隠し持ち、品位の低い通貨ばかりを社会で使用しようとする。そのため、社会には品位の低い通貨ばかりがあふれ、品位の高い通貨は消えてしまう、という意味である。

このように、貴金属の通貨にも、材料不足という大きな問題があり、通貨制度はなかなか安定しなかったのである。

（注）それ以前にも、7世紀後半に「富本銭」が発行されたと見られるが、詳しいことはよくわかっていない。

17世紀の商人の悪知恵から始まった現代のお金

そんなとき、ある者が「貴金属のお金」の代わりを果たす「物」を発明した。

それは17世紀のイギリスでのことである。

中世ヨーロッパには、金匠（ゴールドスミス）と呼ばれる職業があった。

この金匠は、金を加工して様々なアクセサリーを作ったり、金を預かったりするのが仕事だった。金は自宅で持っていると何かと危険であるし、買い物をするときに市場に持ち運ぶのは、重くて面倒でもある。そのため金匠のもとに預けておいて、必要なときにだけ持ち出すのである。

金匠は、顧客から金を預かるときに「預かり証」を発行するようになった。

この「金の預かり証」が、やがてお金と同じような使われ方をするようになるのだ。

当時、物を売買するときは、貴金属で作られたお金や、貴金属そのものを使うことが多かったのだが、金匠が「預かり証」を発行するようになってからは、この「預かり証」が金の代わりに使われるようになっていったのだ。

「金の預かり証」を金匠のところに持っていけば、金と交換してくれる。

だから、貴金属をわざわざ持ち出さずに、「金の預かり証」を貴金属の代わりに差し出して、売買に使うようになったのだ。

そして、ある金匠が、「金の預かり証」に関して大きな発見をした。

「金を預けている客の大半は、金を預けっぱなしにしている」

ということである。

預かり証を持って金を引き取りに来る客というのは、全体の数分の1である。

ほとんどの金は、金匠のもとに預けられたままになっている。金が売買されるときも、金自体の出し入れはなく、「金の預かり証」だけがやり取りされるのである。

この事実に気づいた金匠が、あることを思いつく。

「どうせ一部の客しか金の引き換えには来ないのだから、保管している金よりも多くの『預かり証』を発行することもできるのではないか」

ということである。

発行した「預かり証」の何分の1しか金の引き換えには来ないのである。だから、預かっている金の数倍の「預かり証」を発行しても、業務に支障はないはずだ。

そして、余分に発行した「預かり証」を人に貸し付け、利子をつけて返還してもらえば、金儲けになる。

そういうことを考え付いた金匠がいたのである。

この金匠は、預かった金の何倍かの「預かり証」を発行し、それを人々に貸し出し、利子を得るという商売を始めた。

このビジネスは、瞬く間に広がった。

それが、現在の「紙幣（銀行券）」の始まりなのである。


当初、この商売は、国家の警戒の対象となっていたようである。

「預かった金」以上の「預かり証」を発行するのだから、詐欺のようなものである。

また、そういう金匠の中には、「預かり証」を発行しすぎたり、貸した「預かり証」が焦げ付いたりして、「取り付け騒ぎ」を起こすような者もいた。

しかし、やがて国家のほうもこの「金の預かり証」の利便性を無視できなくなってきた。

「保有している貴金属の数倍の通貨が発行できる」

ということは魅力的だったのだ。

経済活動が活発化するに従い、貴金属のお金は常に不足気味となり、社会経済に支障をきたしていた。お金の流通量を増やすには、金匠のこの仕組みを利用するのがもっとも手っ取り早かったのだ。

何より、社会がお金の供給増大を望んでおり、この金匠の商売は、国も取り締まれないほどの規模になっていた。

この「金の預かり証」は、先に述べた通貨としての重要な3つの条件

1 誰もが価値を認める「物」であること
2 誰もが使用できる状態であること(持ち運びができるなど)
3 たくさんの人が使えるほど十分に供給されていること

を見事にクリアしていた。

金との引換証であるから、その価値は保証されている。しかも紙切れ1枚なので、誰もが持ち運びができ、物の売買などに非常に便利である。そして、何よりたくさん発行できるので、社会の需要に応えることができる。

国家も、「金の預かり証」の便利さを認めることとなった。

そのため国家は、金匠たちの商売を取り締まるのではなく、一定の金の準備を義務付けるなどの法整備を行い、正規の事業として認めるようになったのだ。

やがて、この事業を国家が後押しすることになる。国のお墨付きの「金の預かり証」が発行されるようになったのだ。

それを最初に行ったのは、スウェーデンである。

１６６８年に、スウェーデンで設立されたリスクバンクという銀行が、世界で最初の中央銀行だとされている。

そして、その26年後の１６９４年には、イギリスでイングランド銀行が作られる。このイングランド銀行は、世界に先駆けて金本位制を採用するなど、現在の世界中の中央銀行のモデルとされている銀行である。

が、このイングランド銀行も、リスクバンクの銀行券の仕組みを使ったものであり、煎じ詰めれば、17世紀の金匠たちの悪知恵が起源になっているのだ。

この銀行制度は、すぐに欧米諸国に広がり、やがて世界中に普及した。

日本でも明治維新直後に、この欧米流の銀行制度が採り入れられている。

悪いジョークのような現代の銀行の仕組み

悪いジョークのように思われるかもしれないが、この金匠の詐欺的商売の仕組みは、現在でも、世界中の銀行の根本のシステムになっている。

世界の中央銀行が発行する紙幣というのは、「金（もしくは銀）の預かり証」という形からスタートしている。保有している金や銀の何倍もの「預かり証」を発行し、それを通貨として流通させたのである。だから、世界の通貨のほとんどは、「銀行券」という名称になっているのだ。

現在は、世界の中央銀行は、金銀との交換保証はしていないので、通貨は「金銀の預かり証」ではなくなった（詳細は後述）。

しかし、顧客から集めた預貯金を準備金として、その準備金の何倍もの紙幣を発行して貸し出す、という根本的な仕組みは変わっていない。

つまりは、現在の金融制度というのは、金融工学の専門家が綿密に制度設計したものではなく、中世のずる賢い金匠たちが考え出した商売方法をそのままの形で使っているのだ。

当然のことながら、矛盾だらけ、欠陥だらけなのである。

この「金の預かり証」方式の紙幣の最大の問題点は、紙幣の流通の出発点がすべて「融資」であることである。

つまり、「銀行から借金をする人がいて初めて紙幣が社会に流通する」ということである。この「貸出」を通じて紙幣が社会に供給されるという仕組みは、現代でも「お金の仕組み」の根幹部分となっている。

しかも、17世紀から現代にいたるまで、この制度を根本的に作り替えようという議論がされたことは、ほとんどないのだ。

なぜ「商人の悪だくみ」が今も金融制度の中心になっているのか？

ここまで読んでこられて、金匠の悪だくみで作られたお金の制度がなぜ今も使われているのか、疑問を持たれた方も多いはずだ。

「そんな詐欺的なシステムは、どこかで作り直してしかるべきではないか？」

と。

矛盾と欠陥だらけのお金の制度がなぜそのまま使われてきたのかというと、単に「なし崩し的に使われてきた」としか言いようがない。

前述したように、この「お金の仕組み」が作り出されたのは、17世紀のイギリスである。

ご存知のように、18世紀からイギリスでは産業革命が始まる。この「詐欺的金融システム」は、その時代にピッタリ合っていたのだろう。

産業革命では設備投資が非常に活発になった。

もちろん、それには巨額の資金が必要である。つまりは、お金の需要が急激に増えたのである。

貴金属の貨幣だけではとても足りなかったはずで、銀行券（紙幣）のおかげでイギリスは産業革命における巨額の資金を賄えたと言える。もしかしたら、イギリスの産業革命の成功は、いち早く中央銀行を整備し、銀行券（紙幣）を大々的に発行したためにもたらされたのかもしれない。

そして18世紀以降、イギリスに追随する形でヨーロッパ中に産業革命の嵐が吹き荒れる。ヨーロッパ中に巻き起こったこの近代化の大きな波は、当然、巨額の資金を必要とした。その資金を賄うために、この詐欺的金融システムはヨーロッパ中に普及したのである。

保有している貴金属の数倍の通貨が発行できる「銀行券システム」は、設備投資などで激増していたお金の需要を賄うには打ってつけのものだったのだ。

こうして、イギリスの金匠の悪知恵から生まれた詐欺的システムは、ヨーロッパのスタンダードとなった。そしてヨーロッパの産業革命がやがて世界に波及すると、このお金の仕組みは、世界のスタンダードになっていったのである。

そして、世界中にすっかり根付いてしまったために、現代にいたるまで、根本の仕組みは変えられずに残ってしまったのだ。

なぜアメリカの株価が暴落したら世界大恐慌になったのか？

この世界中に普及した「詐欺的金融システム」は、貴金属の通貨よりも使い勝手は良かったが、だからといって問題がないわけではなかった。

それどころか大きな欠陥をさらし、世界中に大混乱を起こしたこともあった。

かの世界大恐慌も、この「詐欺的金融システム」の欠陥が露呈した面が大きいのである。

ご存知のように、1929年に起きた世界大恐慌はアメリカ・ニューヨークの証券市場の株価大暴落に端を発している。これが世界中に波及し、日本でも失業者が大量に出て、一家心中や身売りが頻発するなど、大きなダメージを受けた。

学校の歴史の教科書にも出てくるこの世界史的な出来事は、冷静に考えれば不可解なことだらけなのである。

それは、

「アメリカの株が暴落したら、なぜ世界中が大不況に陥らなくてはならないのか？」

ということである。

アメリカの会社の株の価値が暴落したからといって、なぜ日本の失業者が増えたり、農家がダメージを受けたりしなくてはならないのか？

たとえば世界中で災害が起き、工業施設や農業が大きな打撃を受けて世界全体の生産力が落ち、世界経済が停滞したというのであれば、話はわかる。

しかし、世界大恐慌当時、世界経済を支える生産設備や農地は何の災害や打撃も受けてはいない。それなのに突然、生産活動が停止し、失業者が街にあふれたのである。

これについて学校の教師たちは「世界経済はつながっているから」というような解説を

してきた。

しかし、いくら世界経済がつながっているからといっても、アメリカの会社の株が下がっただけで、日本の農村がダメージを受けるというのは、まったくピンとこない。

アメリカの企業の株価が下がれば、投資家は損をするかもしれないが、株価が下がっても会社はつぶれるものではない。それなのに世界経済がこんなに混乱するのはなぜなのか？

世界大恐慌も「お金の欠陥」が要因

世界大恐慌には「金融システムの欠陥」が大きく影響している。

何度も触れたように、今のお金というのは企業や投資家が金融市場（銀行など）から借金をすることで、社会に出回る仕組みとなっている。

そして株価は、金融市場（銀行など）と大きな関係があるのだ。

金融市場の資金力（つまり社会に融資をする力）には、その保有している資産が大きく影響する。金融市場が大きな資産を持っていれば、それだけ大きな融資ができるのである。

金融市場の持つ資産が小さければ、必然的に資金力も減じられる。金融市場の資産が縮小すれば、社会は借金をしにくくなり、社会に回るお金が減ってしまう。

そして、株というのは金融市場の重要な資産である。

金融市場（銀行や証券会社など）は、直接、間接的に企業の株を保有しており、株価の上下は、金融市場の保有する資金力に直結していた。特に当時のアメリカでは、銀行が企業の株を直接保有することが認められていた。

だから株価が下がれば、即、銀行の資金力が下がることになり、「銀行が融資する金額」も減ってしまう。

つまりは、社会が借金をしにくくなるのだ。

何度も言うように、今の経済社会というのは、借金をやめることはできない。新たな借金をしなければ、前の借金を返せなくなってしまうからだ。

今の経済社会は、銀行がお金を貸せなくなったり、貸出額が減少すれば、たちまち行き詰まる仕組みになっている。

世界大恐慌というのは、その「銀行がお金を貸せなくなった状態」なのである。

「株価が下がると不景気になる」

その理由は、こういうことなのである。

リーマン・ショックも「お金の欠陥」のせい

この「お金の仕組みの欠陥」は、実はまだ改善されていない。

世界大恐慌は、世界中の人々の生活に大きなダメージを与えた。

当然のことながら、その対処法を世界中の学者や政治家たちが考え出しているものと、我々は思いがちである。

しかし、それは間違いである。

日本のバブル崩壊や、リーマン・ショックなどを見ればわかるように、「株価が下がれば不況になる」というのは、現在でも続いているのである。

金融工学などの発達により、銀行がお金を貸せない状況に陥った場合、中央銀行が大規模な資金注入などの手を打つことで、世界大恐慌のときのような大混乱はさすがになくなった。

しかし、株価によって銀行の資金力が左右され、その銀行の資金力によって経済社会が大きな影響を受けるというのは、現在も変わらないのだ。

リーマン・ショックなども、もろに「お金の欠陥」が招いた事故である。

2008年に起きたリーマン・ショックは、アメリカの大手金融機関がサブプライムローンという危険な融資をし続けていたことが、もともとの原因である。サブプライムローンというのは、ざっくり言えば返済能力に疑問のある人々に対して、住宅の値上がりを見越して行った融資のことである。このサブプライムローンの危険性が表面化し、アメリカの金融機関の資金力が大幅に落ちた。

詳しくは後述するが、今のアメリカは世界の中央銀行のような存在であり、アメリカの金融機関の資金力が落ちると、世界中のお金の供給に支障をきたすことになる。そのため、世界全体が「お金の不足」に見舞われ、世界経済は大きく停滞したのである。

そして、非常に残念なことに、今後もリーマン・ショックのようなことが起こる可能性は、多々あるのだ。世界の通貨システムは、リーマン・ショックのときから基本的にほとんど変わっていない。

だから、アメリカの銀行が何かをきっかけに信用を失い、資金力が減じられれば、たちまち世界経済が大混乱する恐れがあるのだ。しかも、その可能性は決して小さいものではない。

第3章

現代の紙幣はただの紙切れ

「金匠の悪知恵」と「今の金融システム」の違いとは？

前章まで、今のお金という制度が、17世紀ヨーロッパの金匠の悪知恵をそのまま踏襲したものであることを説明してきた。

今のお金の「融資による流通システム」は、ヨーロッパ金匠の「金の預かり証」の仕組みそのものなのである。

が、現代のお金は、17世紀ヨーロッパ金匠の「金の預かり証」とは、大きく変わっている部分もある。

それは、「貴金属との兌換を保証していない」ということである。

何度も触れたが、17世紀ヨーロッパ金匠の「金の預かり証」とは、顧客の金を預かり、その証明として発行したものである。それが通貨代わりに使用されるようになったのだ。

この「金の預かり証」が、なぜ通貨のような信用を持ちえたのかというと、「金と交換してくれる証書」だったからである。

つまり、「金と交換すること」が、この通貨の信用の根源だったのである。

ところが、現在、世界中で使われている通貨（紙幣）は、ほとんどが貴金属との交換保証はされていない。

世界中のほとんどの通貨（紙幣）は、その国の中央銀行が発行する「銀行券」である。この銀行券は、中央銀行がその価値を保証するが、貴金属と交換はしてくれないのである。

以前はこうではなかった。

以前の紙幣は、何らかの形で、貴金属と交換してくれる保証があったのだ。

しかし、今から約50年ほど前のある事件により、世界中の紙幣が貴金属との交換を保証されなくなったのだ。

その事件とは、ニクソン・ショック（ドル・ショック）である。

これは1971年、当時のアメリカ大統領ニクソンが、アメリカ・ドルと金との兌換を一時停止するという声明を発表し、これにより各国の為替相場は混乱。世界中のほとんどの紙幣は、金との交換保証がなくなったのである。

ニクソン・ショックは、現代の通貨（紙幣）が抱える「もう1つの問題」と大きく関係している。

現代のお金は、「銀行から借金しないと社会にお金が流れない」ということの他に、もう

1つ大きな矛盾を抱えているのだ。

それについて解説するために、なぜ現代のお金が貴金属と交換できなくなったのか、その経緯を本章でご説明したい。

なぜ金本位制が世界標準となったのか？

ニクソン・ショック以前、世界の通貨は「金本位制」がスタンダードとなっていた。

金本位制とは、簡単に言えば、金そのものか金の兌換券を通貨として流通させる仕組みである。

その国の金の保有量が、そのまま通貨の量に反映されることになる。

金銀などの貴金属を、その国の通貨の基準とすることは、古代から当時まで、もっとも一般的な通貨制度だった。

が、19世紀にいたるまで、金、銀、銅を基準とする制度が各地で混在していた。金本位制を採る国もあれば、銀本位制、銅本位制を採る国もあり、またそれぞれが混在している国もあった。

金銀銅の交換相場は流動的であるため、各国で制度が違うことは、不安定な面が多々あった。

そんななか、1816年にイギリスが金本位制を導入した。

そして1821年には、ポンドと金を自由に兌換することを世界に向けて保証した。

イギリスもそれまでは金銀複本位制だったが、金だけを基準とすることで、通貨の安定を図ろうとしたのである。

これ以降、世界各国が金本位制を採用した。当時の世界経済においてはイギリスが圧倒的な力を持っていたからだ。

こうして金本位制が国際経済のスタンダードなシステムになっていったのである。

またこのころから、イギリスのポンドが国際貿易の基軸通貨となっていった。

基軸通貨とは、国際貿易に使われる共通通貨のことである。

イギリスのポンドは、イギリスが関係しない取引でも使われることが多かったのである。

たとえば、日本と南米の国が貿易をするときに、円や南米の通貨ではなく、ポンドを使って取引をするのである。

なぜなら、そうするほうが両者にとって便利だからである。日本にとって南米の通貨はなじみがないし、南米にとって日本の円はなじみがない。日本の輸出業者が南米の通貨を受け取っても他に使いようがないので、円や他の通貨に交換しなくてはならない。南米の業者にとっても同様である。

なので、お互いが世界的に汎用性のあるポンドを用いることによって、お互いの利便性が高まるのである。

なぜポンドが基軸通貨となったかというと、当時、イギリスは世界一の経済大国であり、世界の金の多くを所有していたので、イギリスのポンドはその価値がもっとも信頼できる通貨だったからだ。

また何より当時のイギリスは世界最大の貿易国であり、世界中の貿易でポンドが使われていた。19世紀から20世紀初頭にかけて、イギリス一国だけで、世界貿易の20％前後を占めていたのだ。イギリス・ポンドは、国際的に使いやすかったのである。

そのためイギリスは、世界の金融（為替、投資、保険など）を一手に引き受けるようになった。この金融業務のほとんどはロンドンのシティで行われていた。シティは、世界の金融の中心として現在にいたるまで名を轟かせることになったのである。

このようにして、19世紀から20世紀初頭までの世界の金融は、イギリスを中心とした金本位制となっていたのである。

日本も明治の早い段階で金本位制に

日本も明治維新後、かなり早い段階から「金本位制度」を採っている。

日本は、明治維新当初は事実上、銀本位制度を採っていた。が、欧州諸国は軒並み金本位を採り始めており、欧州諸国と同じ金本位制にすれば、貿易の決済もやりやすくなる。

金本位制の国と、銀本位制の国が貿易をする場合、金銀の交換比率の変動により、貿易が不安定になりやすい。実際に、日本は幕末からこの金銀交換比率の変動で悩まされてきた。

幕末には、日本の金銀の交換比率と、欧米の金銀の交換比率が違うところに目をつけた欧米の商人が、日本の金を大量に海外に流出させるということも起きた。開国したばかりのころの日本は、欧米に比べて銀の価値が高く、金の価値が低かったのだ。そのため、欧米の商人は日本に銀を持ち込んで、金に交換して国外に持ち出したのである。このときに流出した金は150万両とも言われている。

こういう痛い体験もあり、日本はいち早く金本位制を採り入れようとしたのだ。

それに、欧米の先進国が金本位制度なのだから、日本も金本位制にならなければ信頼されないということがあった。

金本位制度を採っているということは、その国がそれなりに金を持っているということである。金本位を採っていれば、それだけで欧米諸国から信頼されたのだ。

逆に言えば、当時、欧米諸国と対等に付き合っていくためには、「金本位クラブ」に入会しなければならない、ということだった。

しかし、金本位制にするには、大量の金が必要である。日本は明治初頭、一旦、金本位制を採用したが、金の保有量が少ないために、銀本位制に切り替えたという経緯がある。

ところが、偶然と言うべきか、天佑と言うべきか、日清戦争により多額の賠償金が入ることになった。

明治27（1894）年に起きた日清戦争では、日本が勝利し2億両という莫大な賠償金を受け取ることになったのだ。

時の大蔵大臣、松方正義は日清戦争の賠償金をイギリスの正貨（金）で受け取ることにし、その正貨を原資として金本位制を導入したのである。

第一次世界大戦で金本位制が揺らぐ

このように、イギリスを中心にして回っていた世界の金本位通貨システムだが、第一次世界大戦によって、それは大きくぐらつくことになった。

イギリス経済が大きく疲弊してしまったために、世界の中央銀行としての役目を果たせなくなっていったのである。

イギリスが世界の中央銀行的な役割を果たしていたのは、何よりもイギリスが世界最大の貿易大国だったからである。しかし、第一次大戦で大きな打撃を受けたイギリスは、貿易大国の座をアメリカに明け渡すことになったのだ。

イギリスは本土が戦場になることはなかったが、ドイツの潜水艦による海上封鎖を受け、経済が大きなダメージを受けた。

イギリスは島国であり、海上貿易によって覇権を握っていた国である。逆に言えば、輸出入ができなければ、大英帝国は成り立っていかないのである。世界中に植民地を持つイギリスとはいえ、海上封鎖されれば工業製品を輸出することもできないし、豊かな物資も入ってこない。

当時のイギリスは繊維製品が重要な輸出産品だった。

20世紀初頭、世界貿易に占める繊維製品の割合は20％にも達していたが、イギリスのシェアはその半分に近かったのだ。イギリスの工業が斜陽化してからも、植民地であるインドへの綿製品の輸出が経済を支えていた。

が、戦争により、この輸出がほとんどできなくなってしまった。

ちなみに、その空白の繊維市場シェアを手にしたのが、日本だった。日本は第一次世界大戦中に輸出量を3倍に激増させているが、その主な輸出品が繊維製品だったのである。

またイギリスは、原料や食糧の多くを輸入に頼っていたが、これも海上封鎖で入ってこなくなった。イギリスは、第一次世界大戦で危うく干上がるところだったのである。

大戦末期にアメリカが参戦し、ドイツで革命が起きたことで辛くも勝利を収めることができたが、もう少し長引けばどうなっていたかわからない。

大戦前、イギリスはアメリカに対する圧倒的な債権国だったが、大戦後には、アメリカがイギリスに対して圧倒的な債権国となっていた。

しかも、戦後のアメリカは、イギリスに対して債権をびた一文負けなかったのである。イギリスを中心とした世界の通貨システムは、イギリスの経済力によって保持されていた。そのため、イギリスの経済力が急落したことによって、世界の通貨システムは大きな不安を抱えることになる。

というより、世界通貨システムは破綻に近い状態になってしまう。

それが世界大恐慌の原因でもあり、ひいては第二次世界大戦の根本的な原因にもなったのだ。

アメリカの台頭が世界金融システムを揺るがす

第一次世界大戦後、イギリスを中心とした世界通貨システムが揺らぎ始めた最大の要因は、アメリカの台頭である。

第一次世界大戦前の時点で、アメリカは世界最大の借金国だった。諸外国（主にイギリス）に対して30億ドルもの債務があったのだ。

しかし、第一次世界大戦により、この構図は大きく書き換えられた。

戦争により生産力が下がったヨーロッパ諸国は、アメリカに大量の軍需物資を発注した。戦地から遠く離れていたアメリカは戦争被害をまったく受けなかったため、莫大な戦争特需を受けることになった。

アメリカのヨーロッパ諸国に対する債務はあっという間に消滅し、逆に巨額の債権を持つことになった。

アメリカは、世界一の債務国から世界一の債権国になったのである。

しかも当時のアメリカは、世界最大の石油大国でもあった。

実は、第一次世界大戦の前後、世界ではエネルギー革命が起きていた。エネルギーの主流が、石炭から石油に代わったのである。

第一次世界大戦では航空機や自動車、潜水艦という新兵器が投入されるが、これらを動かしていたのは石炭ではなく、石油だったのである。

そして、第一次世界大戦当時、世界一の産油国だったのがアメリカなのである。

現代の感覚では、石油と言えば中東だが、中東の大規模油田は第二次世界大戦前後に発見されたものであり、第一次世界大戦には間に合っていなかったのだ。

世界で最初の大規模油田は、1859年にアメリカ・ペンシルバニアで発見された。その後、アメリカは各地で大規模油田を発見、開発し、世界最大の石油産出国となるのだ。

第一次大戦では、連合国側の石油をアメリカがほとんど賄った。第一次大戦で連合国側が勝てたのは、アメリカの石油のおかげとさえ言われているのだ。

第一次大戦後のアメリカは、「世界一の工業国」「世界一の債権国」にして「世界一の産油国」となったのである。

アメリカの金の貯めこみにより金本位制が崩壊

あっという間にイギリスをはるかに凌駕する経済大国になったアメリカだが、この急成長のために、世界通貨システムは大混乱することになる。

アメリカの経済は第一次大戦で貿易黒字が膨らみ、大量の金が入ってきた。

しかし、アメリカはそれを積極的に投資に回そうなどとはまったく考えなかった。むしろアメリカは、自国がインフレになることを警戒し、「金の貯めこみ政策」を行うのである。

このアメリカの金の貯めこみ政策が、実は世界通貨システムを大きく揺るがすのだ。

当時、多くのヨーロッパ諸国やアメリカは金本位制を採っていた。

金本位制では、自国の通貨が金と連動しているので、自国に金が流入すれば、その分、通貨を発行するという仕組みになっている。

このルールがあるから、金本位制のもとでは、各国の通貨が安定するのだ。

そのシステムは次の通りである。

貿易黒字で金の保有量が増えれば、その国の通貨量が増える。その国はインフレとなり輸出品も割高になり、国際競争力が落ちる。その結果、貿易黒字が減り、他の国の貿易赤字が解消される、ということである。

しかし、アメリカは、大量の金が入ってきているにもかかわらずインフレを懸念し、通貨量を増やさなかった。1922年8月以降、流入した金は、連邦準備銀行の金準備に含めないようにしたのだ。

そのため、アメリカは金の大量流入にもかかわらず、その国際競争力は落ちず、貿易黒字はますます増え、金がますます入ってきた。

その結果、世界中の金がアメリカに集中し、他の国々の金は枯渇してしまった。1923

年の末には、世界の金の4割をアメリカが保有していたのである。

アメリカばかりに貿易黒字と金が集まる世界経済というのは、不健全なものだった。

何より、各国の金の保有量が減れば、通貨の量が減って経済が収縮してしまう。それは、やがてアメリカに跳ね返ってくることにもなる。ヨーロッパ諸国の経済が回復しなければ、そのうちアメリカの輸出もしぼみ、アメリカ経済も失速してしまうのだ。

その懸念が現実となったのが世界大恐慌である。

1929年、突然、ニューヨークの株式市場が大暴落し、それは世界中に波及した。これが、いわゆる世界大恐慌である。

この世界大恐慌により、世界の通貨システムは崩壊してしまうのだ。

1931年にはイギリスが「イギリス・ポンドと金の交換」を停止し、金本位制から離脱した。日本も同年に金本位制から離脱、その2年後には、アメリカも「アメリカ・ドルと金の交換」を停止した。

イギリスを中心とした世界の金本位制の通貨システムはこれで完全に終息してしまったのだ。

世界のスタンダードな通貨システムが崩壊したために、世界各国は独自の通貨政策、貿易政策を採るようになった。

それがいわゆる「ブロック経済」と呼ばれるものである。

このブロック経済が、第二次世界大戦の間接的な原因になったことは、ご存知の通りである。

第二次世界大戦後の「金・ドル本位制」とは？

「世界大恐慌」と「第二次世界大戦」を経て、世界の金融システムは、「イギリス中心」から「アメリカ中心」へと移行する。

アメリカは、第二次世界大戦でも国土が戦災を受けなかった。

そして、第一次世界大戦のときと同様に、連合国側に大量に軍需物資を売りつけ、世界の金の7割を保持するまでになった。

その一方で、世界大恐慌から第二次世界大戦にいたる世界経済の混乱は、アメリカにとっても痛い教訓となった。

世界大恐慌の後、イギリス、フランスがブロック経済を敷いたため、世界市場の大半が閉ざされた。アメリカの大量の農産物や工業製品は行き場を失うことになり、アメリカ経済も大きなダメージを受けた。

この状況を打解すべく、アメリカは戦後世界の経済覇権を握り、アメリカを中心とした自由貿易圏を世界中に広げようと動き出した。

第二次世界大戦終盤の1944年、アメリカのブレトン・ウッズで戦後の国際経済の新しい枠組みが作られる会議が開催された。かの有名なブレトン・ウッズ会議である。

アメリカが世界金融の中心になったのは、このブレトン・ウッズ会議からだと言える。アメリカはこの会議において、「ドルを金と兌換させ、ドルを世界の基軸通貨とする」ということを強行に主張した。

「アメリカは保有している大量の金を背景に、ドルと金の兌換に応じる」
「ドルはその信用を背景にして、世界貿易の基軸通貨となる」
ということだ。

第二次世界大戦前には、欧米諸国は金の流出が続いたため、相次いで金との兌換を停止した。金本位制のルールが壊れ、世界貿易は大混乱をきたした。

その問題を解消するため、アメリカは世界中の国に対し、「ドルと金の兌換を保障するから、今後の世界貿易はドルを基軸通貨として使うべし」と主張したのである。

しかし、ドルを世界貿易の基軸通貨とするならば、世界中の国が貿易に際してドルを調達しなければならず、必然的にアメリカは「世界の銀行」という地位に君臨することになる。

それまでの世界の基軸通貨はイギリスのポンドであり、イギリスはアメリカの主張を簡単には受け入れなかった。

が、当時のアメリカとイギリスの経済力の差は歴然であり、というより、イギリスは戦後復興をアメリカの支援に頼らざるを得なかったため、最終的にアメリカの主張が通った。

こうして「金・ドル本位制」とも呼べる、戦後の世界金融の仕組みが出来上がったのである。

世界中の国々の紙幣は金と交換はしない。

しかし、世界中の紙幣とドルとの交換レートは決まっており、ドルが金との交換を保証している。つまり、ドルとの交換レートが定まっている国は、間接的に金の交換を保証していることになる。そうすることで、自国通貨の安定を保つのである。

つまり、世界中の国々は自国の金保有量が少ないので、自力で金本位制を採ることはできないが、アメリカ・ドルを頼ることで間接的に金本位制を採るということである。

しかし、この「金・ドル本位制」もそう長くは続かなかった。ブレトン・ウッズ会議から わずか20数年後に崩壊してしまうのだ。

「金・ドル本位制」も長くは続かなかった

なぜ「金・ドル本位制」が長く続かなかったかというと、第二次世界大戦後、アメリカ経済が急速に落ち目になったからである。

第二次世界大戦終結時まで、アメリカは世界経済の中で圧倒的な強さを誇っていた。だからこそ、世界の金の7割を保持するまでになっていたのだ。

アメリカは資源もあり、豊穣な農地もあり、しかも世界最先端の工業国である。世界貿易においてこれ以上ないほどの強みを持っていた。

しかし、絶対的勝者に見えたアメリカ経済は、第二次世界大戦後、あっけなく落ちていくのだ。

1950年代後半から西側のヨーロッパ諸国（特に西ドイツ）や日本が経済復興してきて、アメリカ製品のシェアを奪うようになった。

アメリカは、その経済的繁栄により人件費が高くなっており、また驕りにより技術革新も怠るようになっていた。これまで無敵の強さを誇ったアメリカの輸出力は大きく鈍り、1971年には貿易収支で赤字に転落することが確実になってしまったのだ。

輸出力が鈍るとともに、アメリカの金は急激に流出するようになった。

しかも、アメリカは第二次大戦後、東西冷戦の影響で世界中に軍事支援、経済支援を行い、幾度も軍事行動をしていた。

それも金の流出を加速させた。

アメリカが世界中にばら撒いたドルが金と兌換され、アメリカの金が急激に流出し始めたのだ。

いったんアメリカの金が流出し始めると、ドルを保有している誰もが危機感を抱き、金との兌換を急ぐことになる。金の兌換が停止される前に、ドルを金に換えておこうと思う

郵便はがき

料金受取人払郵便

牛込局承認

5559

差出有効期間
平成31年12月
7日まで
切手はいりません

162-8790

東京都新宿区矢来町114番地
神楽坂高橋ビル5F

株式会社ビジネス社

愛読者係 行

ご住所 〒 TEL:　　(　　)　　FAX:　　(　　)		
フリガナ お名前	年齢	性別 男・女
ご職業	メールアドレスまたはFAX メールまたはFAXによる新刊案内をご希望の方は、ご記入下さい。	
お買い上げ日・書店名 年　月　日　　市区町村　　書店		

ご購読ありがとうございました。今後の出版企画の参考に
致したいと存じますので、ぜひご意見をお聞かせください。

書籍名

お買い求めの動機

1 書店で見て 2 新聞広告（紙名 ）

3 書評・新刊紹介（掲載紙名 ）

4 知人・同僚のすすめ 5 上司、先生のすすめ 6 その他

本書の装幀（カバー），デザインなどに関するご感想

1 洒落ていた 2 めだっていた 3 タイトルがよい

4 まあまあ 5 よくない 6 その他( )

本書の定価についてご意見をお聞かせください

1 高い 2 安い 3 手ごろ 4 その他( )

本書についてご意見をお聞かせください

どんな出版をご希望ですか（著者、テーマなど）

からである。

アメリカの金流出は、1950年代からすでに始まっていた。1958年の1年間だけで約2000トンが国外に流出している。

60年代に入ると、アメリカの輸出の不振などでさらに流出が加速した。1970年ごろの保有量は8000トン程度になってしまっていた。

第二次大戦終結時、アメリカの金保有量は約2万2000トンだったので、25年程度で60％が流出したことになる。

このままの勢いで流出が続けば、アメリカの金が枯渇してしまう。

前述したように、1944年のブレトン・ウッズ会議では、ドルは金との兌換に応じるということで、世界の通貨システムが保たれるようになっていた。当時のアメリカは世界の7割の金を保有していたので、金兌換を続けることができたのだ。

「ドル＝基軸通貨」というのが、戦後の国際金融のレジームである。しかし、もしこのまま金の流出が続けば、このレジームが根本から崩れることになる。

そのため、1971年、アメリカのニクソン大統領はアメリカ・ドルと金の一時的な交換停止を発表し、ニクソン・ショックが起こる。

しかも、このニクソン・ショックの「ドルと金との兌換一時停止」は、「一時停止」にとどまらなかった。ドルと金の兌換は、その後、現在にいたるまで再開されておらず、事実上、ドル・金の兌換は行わないことになったのだ。

貴金属との兌換保証がない現代の通貨

1971年にアメリカはドルと金の兌換を停止した。

これにより世界中のほとんどの国の通貨は、金との結び付きがなくなったのである。

しかし、不思議なことに、アメリカ・ドルは、そのまま世界の基軸通貨として使用され続けた。そして、世界中の国の金融システムもそのまま使い続けられた。

なぜか？

端的に言えば、ドルに代わる適当な基軸通貨がなかったのである。

ドルが金との兌換をやめたからといって、では、金と兌換してくれる有力な通貨が他にあるかといえばそうではない。またアメリカ以外の国の通貨は、ドルほどは世界で信用されていない。イギリスのポンドも、日本の円も、ドイツのマルクも、ドルに比べれば信用は低いし、流通もしていない。

また、第二次世界大戦後、アメリカは世界中に経済支援をしていた。この経済支援にはドルが使用されたため、世界中でドルを使う機会が多くなった。国際決済においては、「ドルを使用することが普通」という状態になっていたのだ。

それゆえ、アメリカ・ドルは世界の基軸通貨の地位を維持し続けたのである。

このニクソン・ショック以降のアメリカ・ドルは、実は通貨の歴史を変えたのである。

通貨は、古来から貴金属などの価値と結び付けられるのが通例だった。

前に述べたように通貨ができた当初は、貴金属そのものが通貨として使用されていた。また、紙幣が登場してからも、その紙幣は「貴金属との引換券」だったのである。貴金属と引き換える権利を持っているから、その紙幣は通貨としての価値を保持していたのである。

貴金属などとまったく結び付けられていない紙幣というのは、これまでの歴史に登場したことがほとんどなかった。「一時的」に貴金属との兌換を停止した紙幣はあるが、「貴金属や資産との兌換をしない」ということを「前提」にした紙幣が、これほど広範囲で使用されることはなかったのである。

なぜ紙幣は常に貴金属などと結び付けられていたのかというと、そうしないと誰も信用しないからである。

紙幣というのは、その物質自体はただの紙切れであり、金銭的な価値はほとんどない。それでは誰も価値のあるものとして認めない。価値が認められなければ流通しない。

だからこそ、これまで紙幣は、「貴金属と交換できる」という価値の裏付けがされてきたのだ。

ニクソン・ショックまでは、それが世界の常識だったのである。

ニクソン・ショック以前にも、通貨と貴金属との兌換を中断した国は多々ある。イギリスなどのヨーロッパ諸国や日本なども、第二次世界大戦前には金不足に陥り、軒並み金との兌換を停止した。

しかし、それは一時的なことであり、いずれは金との兌換を再開するという姿勢を見せることで、通貨の価値は維持できたのである。

第二次世界大戦後、ほとんどの国では通貨と金との兌換は再開できなかった。しかし、ドルと自国通貨をリンクさせることで、自国通貨の価値を維持してきたのだ。ドルは金との兌換に応じてくれるから、そのドルとレートを定めてリンクしておけば、間接的に金の価値と結び付けることができる。

第二次世界大戦後の世界の金融は、そういうシステムによって各国の通貨の価値を維持してきたのである。

しかし、ニクソン・ショックによってその前提条件が崩れてしまった。ドルは金との兌換に応じないことになったので、各国の通貨は間接的な貴金属との結び付きを失ってしまった。貴金属と結び付けられていない、ただの「紙切れ」の通貨が、各国で使われることになったのだ。

が、不思議なことに、各国の通貨はそれほど支障をきたさずに普通に使われ続けたのである。多少の混乱はあったが、通貨がまったく流通しなくなり物々交換が始まるというような事態は起きなかった。

通貨はあまりにも広範囲で使われるようになったために、貴金属との結び付きがなくなっても、そのまま使われたのだ。

ここにいたって、17世紀のヨーロッパ金匠の悪だくみから始まった現代のお金のシステムは、「貴金属との兌換」という条件がはずれることになったのである。

お金の仕組みの矛盾を象徴する〝アメリカ・ドル〟

現在、アメリカは、貿易収支の赤字が長期間続いており、世界一の借金大国である。

アメリカ・ドルは金と兌換しなくてよくなったため、アメリカの輸入は際限がなくなった。それまでは輸入超過（貿易赤字）になれば、その分の金が流出してしまっていた。だから、金の保有量をにらみつつ、輸入を制限する必要があったのだ。

しかし、ニクソン・ショック以降は、輸入超過が続いても、輸入代金としてドルを渡せばいいだけである。

そのドルは金と兌換しなくていいので、アメリカの金は一向に減らない。アメリカにとっては、輸入を制限するためのリミッターがはずれたようなものである。

アメリカ政府としては、むやみやたらに輸入が増えることは歓迎していなかった。輸入超過があまりに大きくなれば、ドルの信用力が低下するかもしれない。そうなると、それ以上の輸入ができなくなる。それを懸念し、輸入超過に対しては一応目を光らせていた。

しかし、いくら輸入超過が増えても、アメリカ・ドルの信用が落ちる気配がない。ドルに代わる有力な通貨は出てこないし、世界でたびたび紛争が起きるので、その都度、戦争に強いアメリカの通貨は信用を増すのである。

そのため、アメリカは貿易赤字を累積することになった。


現在アメリカの対外債務は約18兆ドルである。日本円にして約2000兆円ほどである。

またアメリカは、対外債権から対外債務を差し引いた対外純資産も約8兆ドルの赤字である。これは日本円にして約900兆円ほどである。つまり、アメリカは8兆ドル（約900兆円）を外国から借りているのである。

この8兆ドルの対外純債務というのは、世界最大である。

もし、この8兆ドルを金で支払おうとした場合、アメリカの所有する金は完全に枯渇してしまう。

というより、アメリカの所有している金で8兆ドル（約900兆円）を清算しようとしても、焼け石に水程度の返済額にしかならないのである。現在アメリカが所有している金は

8000トン前後であり、金相場から見れば40兆円程度にしかならない。20分の1も払えない計算になるのだ。

このアメリカの対外債務8兆ドルというのは、ドルが金と兌換されないからこそできた借金なのである。

金本位制の時代ならば、アメリカはとっくに破産している状態なのだ。

この破産状態のアメリカの通貨であるドルが、いまだに世界の基軸通貨となっているのは、世界経済における大きな矛盾と言える。

通常、世界貿易で使われる通貨は、もっとも信頼のおける、もっとも安定した通貨でなくてはならないはずだ。

なのに、現代の国際経済では、世界一の借金大国の銀行券が世界の基軸通貨として使用されているのである。

アメリカが赤字だからこそ世界経済は回っている

しかも、アメリカの国際収支（経常収支）は良くなる気配がない。

アメリカの2015年の輸出入額を見てみると、輸出額が1兆5000億ドルちょっとに対して、輸入額が2兆2000億ドル以上もあるのだ。

輸出額の1・5倍の輸入をしているのである。

そしてアメリカは、この状態がかなり長く続いている。

アメリカは1992年以来、20年以上に渡って国際収支（経常収支）が赤字を続けており、2015年の赤字額は463億ドルだった。

こういう状態が続けば、いくら何でも国は破綻してしまうはずだ。

というより、今のアメリカは、いつ破綻してもおかしくない状態である。

今のアメリカ以上に対外債務を増やした国は、いまだかつていない。他の国はアメリカほど借金はできないし、これほど借金が膨れ上がる前に、デフォルト（債務不履行）を起こしている。

アメリカ・ドルのジレンマ

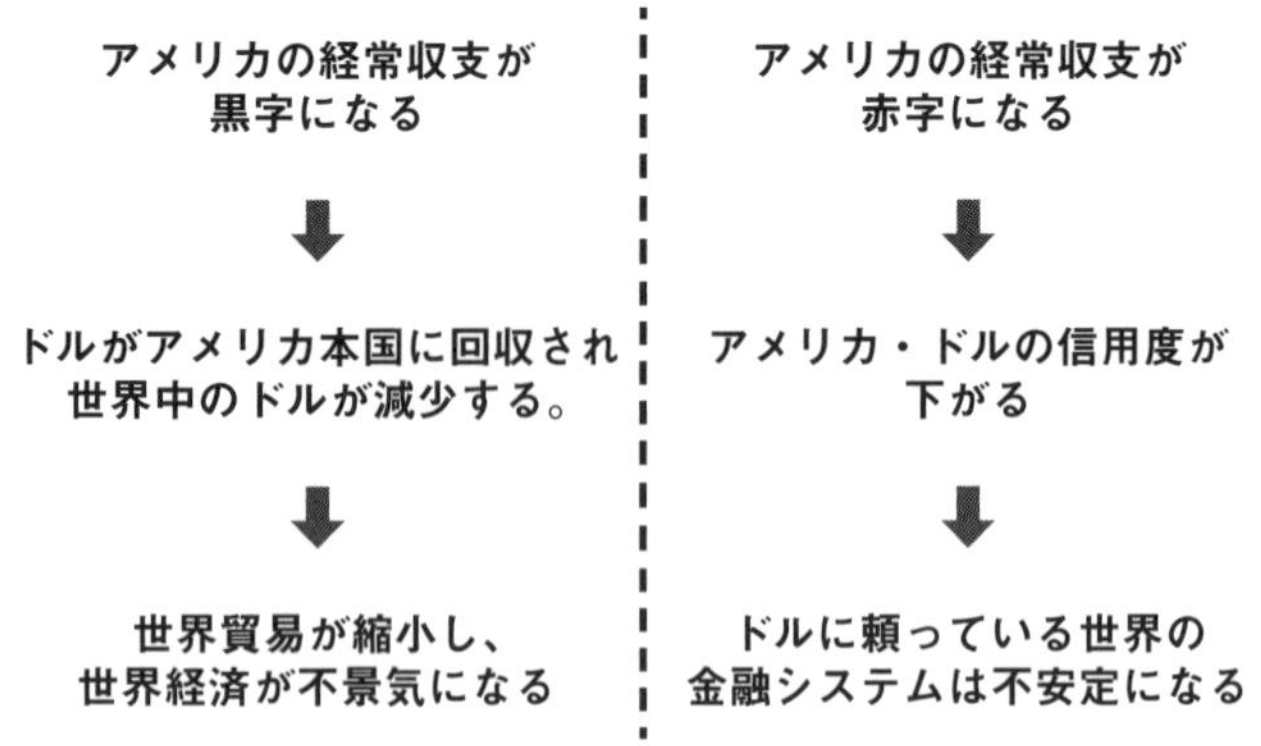
アメリカの経常収支が
黒字になる
ドルがアメリカ本国に回収され
世界中のドルが減少する。
世界貿易が縮小し、
世界経済が不景気になる
アメリカの経常収支が
赤字になる
アメリカ・ドルの信用度が
下がる
ドルに頼っている世界の
金融システムは不安定になる

つまり、アメリカは世界最悪の借金国であり、史上最悪の借金国なのだ。

しかし、前述したように、アメリカは世界の中央銀行の役割を果たしており、その史上最悪の借金国の通貨であるドルが、世界の基軸通貨となっているのである。

借金まみれの国が、世界の通貨の総元締めを担っているのだ。

これほどの矛盾はないだろうし、中央銀行としてこれほど危なっかしいことはない。もしアメリカがデフォルトなどを起こせば、世界経済は崩壊する。

このアメリカ・ドルの矛盾は、実は、お金の仕組みの欠陥を体現しているものでもある。

というのも、もしアメリカの貿易が赤字ではなく黒字だったら、アメリカ・ドルは世界中に普及しない。

「貿易が黒字になる」と「他国に払う通貨が減り、他国の通貨が増える」ということになる。

となると、アメリカ・ドルの他国への支払いが減り、他国の通貨がアメリカに入ってくる。

つまり、アメリカ・ドルが世界からアメリカ本国に回収され、逆に他国の通貨がアメリカに入ってくることになる。当然、世界全体の通貨量は減り、世界経済は停滞してしまうのである。

そのためアメリカは、ドルを世界に供給し続けなくてはならない。ということは、アメリカの国際収支は、常に赤字になっていなければならないのだ。

そうしないと、世界はドル不足に陥り、貿易決済ができなくなるからである。

アメリカの借金が世界のお金の原資になっている

何度も触れたように、今のお金は、常に誰かが借金をしていなければ回らない仕組みになっており、その誰かというのがアメリカであるという見方もできるのだ。

つまり、アメリカが各国に巨額の借金をすることで、間接的に世界中の銀行からお金を引き出し、そのお金で世界経済は回っているという面もあるのだ。

たとえば、日本などはそのいい例である。

日本は貿易で稼いでいる国だが、その最大の稼ぎ先はアメリカである。というより、日本の国際収支の黒字のほとんどはアメリカなのである。

2016年の日本の貿易収支は約4兆円の黒字だったが、アメリカとの貿易に限定して見てみると、約689億ドル（日本円で約7兆7000億円）の黒字なのである。つまり、アメリカ以外の国々との貿易は赤字なのだが、アメリカとの貿易で収支を合わせているという計算になっているのだ。

日本人は、アメリカとの貿易摩擦は過去の問題と思っているようだが、決してそうではない。1980年代、アメリカの対日貿易赤字がもっとも大きかった年は1987年だが、この年のアメリカの対日貿易赤字は約570億ドルだった。2016年の対日貿易赤字は約689億ドルなので、現在のほうが赤字額は大きいのだ。

1987年と現在とではGDPの規模がまったく違うので、直接の比較はできないが、アメリカの対日貿易赤字の規模が、今も相当に大きいことは間違いないのである。

そして、このアメリカから得た貿易黒字の約689億ドル（日本円で約7兆7000億円）分の通貨が、日本社会に流れ込んでくることになる。

この貿易黒字分があるからこそ、日本社会のお金が回っているのだ。

もしアメリカの産業が復活し、日本との輸出入が均衡するようになれば、日本経済はたちまち通貨不足に陥ってしまう。

アメリカから見れば、日本との貿易不均衡は面白くないことであり、できれば輸出入の均衡をはかりたい。しかし、そうなると、日本経済が立ち行かなくなってしまうのだ。

両国にとって、矛盾ははなはだしい状況である。

しかし、今のお金の仕組みの中では、こういう矛盾が生じざるを得ないのである。

第4章

「お金の欠陥」と「日本のデフレ」の関係

企業の堅実な経営が不況を招く

「お金は誰かの借金によって社会に流通している」

「社会全体の借金が減ると景気が悪くなる」

と言われても、今一つピンとこない人もいるだろう。

それが社会にどんな影響を与えるのか、具体的なイメージが湧かないという人も多いと思う。

だから、本章ではこの「お金の仕組み」とその矛盾点、欠陥について、今の日本の状況と照らし合わせて説明したいと思う。

実は、現在の日本は、「お金の矛盾」を説明するのに、まさにどんぴしゃりのサンプルなのである。

というのも、バブル崩壊以降、日本企業の借入金残高は大幅に減少しているからだ。

次のページの表にあるように、平成7年のピーク時には、日本の企業の借入金は584兆円もあった。それが平成19年には409兆円にまで減少しているのだ。実に200兆円近

日本の企業の借入金残高

年度	企業の借入金残高（長期、短期）
平成7	584兆円
平成11	519兆円
平成12	484兆円
平成13	473兆円
平成14	458兆円
平成15	432兆円
平成17	430兆円
平成19	409兆円
平成21	468兆円
平成24	430兆円
平成25	455兆円
平成26	450兆円
平成27	457兆円
平成28	467兆円

い減少である。

現在は多少持ち直しており、平成28年で467兆円と、それでも平成7年に比べて120兆円も減少しているのだ。

借入残高が減少しているということは、新たに借りたお金よりも返したお金のほうが多いということである。

前章までで説明したように、今のお金の仕組みは、常に社会が借金を増やさないと回っていかないようになっている。

「企業の借入金残高が減る」

ということは、実は今のお金の仕組みにとっては致命的なことなのである。普通の人の感覚からすると、企業の借金が減るのはいいことじゃないか、ということになる。

しかし、現代のお金の仕組みの場合は、そうではない。

企業がお金を借りなくなると、たちまち行き詰まるシステムなのである。

何度も述べているように、現在のお金の仕組みは、銀行から誰かがお金を借りることによって銀行券（紙幣）が発行され、社会に流通する。

が、借りたお金は当然返さなくてはならない。だから、お金を返せば社会からお金がなくなってしまうことになる。

現在、そうなっていないのは、社会全体が借金を完済していないからである。社会全体が新たな借金をし、借入金残高が増えていく。そうすることで、社会のお金が回っているのだ。

だから、社会は銀行から常にお金を借り続けなくてはならないし、借金を増やし続けなくてはならない。

「銀行からお金を借りる人」

の主たるものは企業である。

そのため企業が銀行からお金を借りなくなったり、借金の残高を減らせば、社会におけるお金の流れが細くなり、景気が悪くなってしまうのだ。

「金回りが悪くなる」

ということである。

そして、そういうことは決して起こらないとは言えない。

企業がインフラ整備や設備投資を一通り終えて事業が軌道に乗れば、もう新たな借金はせずに、借金の返済にいそしむ。それは企業としては健全な姿である。

しかし、国の企業全体がそういう方向に行くと、その国のお金のめぐりはたちまち悪化してしまう。

今の日本はまさにその状態だと言えるのだ。

なぜ日本はバブル期まで景気が良かったのか？

そもそも企業が借金を増やし続けるということは、よほど経済が成長し続けないとできない芸当なのである。それをいつまでも続けるのは不可能である。

日本の場合を見ても、それは明らかだ。

戦後からバブルまでの日本は、社会は借金を増やし続け、それが金回りの良さを生んでいた。

しかし、それは日本という国がそういう時期だったからだ。

第二次世界大戦後、日本は何もない状態だった。

敗戦で焼け野原になった日本は、工業化を推し進めるために巨額の設備投資が必要だった。つまり、この時代の日本はまだ後進国だったために、経済のインフラ、ハードの整備が必要だったのである。

日本の経済は、戦後ほぼ一貫して、企業（国、自治体も含む）の借入金残高が増加し続けてきた。

前年より借入残高が増えた分だけ、社会にお金が新たに放出される。

日本の企業は銀行から多くの借入を行い、それは設備投資に回されることになった。それが市中にどんどん流れ、市中のお金はどんどん増えていく。

だから金回りが良かった、つまりは景気が良かったのである。

借金を減らしたために景気が悪化した

しかし、現在はまったく違う。

日本の経済の規模は十分に大きくなっており、これ以上の拡大はもうそれほど望めない。

企業の設備投資も一通り終わっており、もうそれほど大規模な投資は見込めない。

企業はもう借金を増やさず、返済するばかりである。

企業（国、自治体も含む）の借入金残高が前年より減っていれば、その分だけ社会に流れるお金が減っているということである。

つまり、市中に回るお金が減っていく。

景気も悪くなっていくのだ。

特にバブル崩壊後はそれが顕著となった。

銀行は不良債権を抱えるのを恐れてむやみにお金を貸さなくなり、企業もあまり大々的な投資を行わないようになった。高度成長期からバブル期までの間に、日本企業は十分な設備投資、事業インフラ整備を行っているので、もうそれほど大きな投資は必要ではなくなってきたのだ。

しかし、そういう銀行や企業の「堅実な姿勢」は、現代のお金の仕組みのうえでは凶となるのだ。

企業の借入金残高が前年より減っていれば、その分だけ社会に流れているお金が銀行に吸収される。

現在の日本は、平成7年よりも120兆円近く企業の借入金残高が減っている。つまり、今現在、社会に流れているお金は、当時より120兆円も減っているということなのだ。

社会の金回りが悪くなるのも当然と言えよう。

「企業が借金をせずに堅実な経営を目指せば、社会の金回りが悪くなる」

これが、現在のお金の仕組みの最大の欠陥だと言える。

そして、それを体現しているのが現代日本だとも言えるのだ。

また企業の借入金が減ることは、いわゆる「デフレ」の大きな要因の1つともなっている。

デフレというのは、簡単に言えば社会全体のお金の流通量が減ることだが、企業の借入金が減っていることも、その要因になっているのだ。

「金回りの悪さ」は先進国共通の悩み

この「金回りの悪さ」は日本だけではなく、ほとんどの先進国に共通した悩みである。

国の産業が成熟していくと、どうしても借入金は減るものだからである。

企業が借入を行うのは、設備投資をしたいとき、つまり産業基盤を整えたいときである。しかし、企業は一通り設備投資を行えば、後はそれほど大きな設備投資は行わない。もちろん、急成長している企業などは設備投資を行い続けることもあるが、通常は、それほど頻繁に行うものではない。

また国全体を見てもそうである。

国のインフラが整っていないときは、国や企業が莫大な借入を行い、インフラを整える。しかし、インフラが一通り整えば、もうそれほどのインフラ整備は必要なくなる。だから先進国の多くは、新興国のような莫大な設備投資はもはや必要ない。必然的に企業の借入額は、だんだん減っていく。

その結果、金回りが悪くなり、不景気となるのだ。

貯蓄が経済を停滞させる

また現在の日本では、「お金の仕組み」の別の欠陥による悪影響も起きている。

それは「貯蓄」である。

我々は働いて得たお金をすべて消費するわけではなく、一部分は貯蓄に回す。

しかし、前にも述べたように、今のお金の仕組みの中では「貯蓄」は決して善ではない。

貯蓄に回ったお金は、社会には回らないことになる。

社会に流通するお金は、人々の貯蓄が増えていくとともに、どんどん減少していくことになる。

となると、社会が銀行に返さなくてはならないお金が不足することになる。

特に、日本人は貯蓄性向が高い。

日本の個人金融資産残高は現在1800兆円を超えている。一人あたりの金融資産は約1400万円で、アメリカに次いで世界第2位である。

しかも、日本の場合、個人金融資産のうち現金・預金の占める割合が50％を超えている。

つまり1000兆円近くを貯蓄しているということになる。

これは、市中に流れるはずだったお金が、1000兆円銀行に戻っているということなのである。

また日本の場合、個人だけではなく、企業も貯蓄性向が高い。

企業の内部留保金は、貯まりに貯まって、現在450兆円を超えている。

内部留保金というのは、簡単に言えば、企業の利益のうち配当や役員賞与などを出した残りの金額のことである。

つまり、企業にとっては貯蓄ということになる。

日本の企業はもともと内部留保の指向が高かったが、バブル崩壊以降はさらにそれに拍車がかかった。

2002年には190兆円だったものが、2008年には280兆円にまで膨れ上がっている。そして、2018年現在は450兆円である。たった16年で約2・5倍になっているのだ。

内部留保金は、本来は企業の貯蓄のみではなく、設備投資に回される分もある。しかし、今の日本企業では内部留保金から設備投資に回される分は非常に少ない。というのも、内部留保金だけではなく手元資金（現金、預金等）も激増し、200兆円を大きく超えているからだ。

これは、今の日本企業では内部留保金がほとんど設備投資に回されずに、企業の内部に貯め置かれていることを示している。

日本企業の手元資金200兆円というのは、異常値である。

たとえばアメリカの企業の手元資金は、2010年末の時点で162兆円である。日本企業の手元資金は、アメリカよりも大きいということである。

アメリカの経済規模は、日本の2倍である。そのアメリカよりも手元資金を持っているということは、経済社会における割合としては、アメリカの実質2倍の手元資金を持っていることになる。

またアメリカの162兆円の手元資金というのも、決して少ない額ではない。

リーマン・ショック以降、アメリカの企業が資金を手元に置きたがる傾向があり、膨れ上がったのである。そして、この巨額の手元資金がアメリカ経済の雇用環境を悪くしているという指摘がある。

実質その2倍の手元資金を持っている日本企業の貯蓄性向が、どれだけ高いかということである。

日本人の勤勉さが日本経済のクビを絞める

この貯蓄性向の高さは、日本人の勤勉さを表すものでもある。日本人はお金を稼いだからといって、それを全部消費してしまうようなことはしない。もしものときのために、しっかり貯蓄しておく。企業の内部留保金の多さも、その日本人の気質が影響していると考えられる。

また、この日本人の貯蓄性向の高さは、以前は日本経済にプラスに作用していたのだ。

高度成長期からバブル期にかけて、国民の貯蓄性向が高いために、銀行は企業への貸出資金を確保できた。

銀行というものは、預かった「預金」を誰かに貸すことで成り立っている商売である。だから、預金がなければ、商売の元手がないことになる。

銀行にとって、預金は欠くべからざる燃料のようなものである。

だから、日本人の貯蓄性向の高さは、バブル期までは銀行にとって格好の商売材料となっていた。

銀行は、国民から預かった多額の預金を企業や投資家に貸し付ける。企業はそれで設備投資などを行うのだ。その設備投資が新たな需要を生み、さらに景気を上向かせることになる。

だから企業が莫大な設備投資を必要としている時期には、預金は多ければ多いほどいい。もし、高度成長期に日本人の貯蓄性向が低ければ、企業は資金難に陥り、あれほど早く工業化は成し遂げられなかっただろう。

しかし、企業がそれほど多くの設備投資を必要としなくなった場合、貯蓄性向の高さは、かえって金回りを悪くしてしまう。貯蓄性向が高いということは、逆に言えば消費性向が低いということである。

消費が少なければ、企業の売上は伸びない。

何度も言うが、今のお金の仕組みの中では、我々は拡大再生産をし続けなくてはならない。そのためには消費の拡大が不可欠なのだ。

設備投資がそれほど必要でなくなった現代日本では、消費の拡大こそが生命線である。しかし、日本では消費は増えていない。

消費が増えないために、さらに金回りが悪くなるという悪循環にはまっているのだ。

デフレの最大の要因は人件費

ところで今の日本のデフレの要因には、「お金の欠陥」の他にもう1つ重要なものがある。

「お金の欠陥問題」からは若干話がそれるが、「お金の流れの現実」や「現在の日本経済の現状」を知るうえでは非常に大事なことだと思われるので、ここで簡単に記しておきたい。

今の日本のデフレの最大の要因は、実は「人件費」なのである。

バブル崩壊後の日本経済はデフレに苦しめられてきた。

そして、

「デフレのために、人件費は下がり、国民生活は苦しくなった」

「だからデフレを脱却すべし」

ということが、さかんに言われるようになった。

が、この考え方そのものが実は間違っているのである。

というのも、デフレになったから人件費が下がったのではなく、人件費が下がったからデフレになったのだ。

バブル崩壊以降、日本企業は人件費を非常にけちるようになり、給料は下げっぱなしとなった。サラリーマンの平均給与は、バブル崩壊以降、20ポイントも下がっているのだ。これは先進国としては異常なことである。

お金が国民にまで届く流れは、左ページの図のようになっている。

給料が下がれば、「社会の本質」である国民にお金が届かなくなる。国民の購買力が落ちるので、高いものが売れなくなる。物の値段が下がり、デフレになるのは当然である。

お金が日本銀行から国民に届く流れ

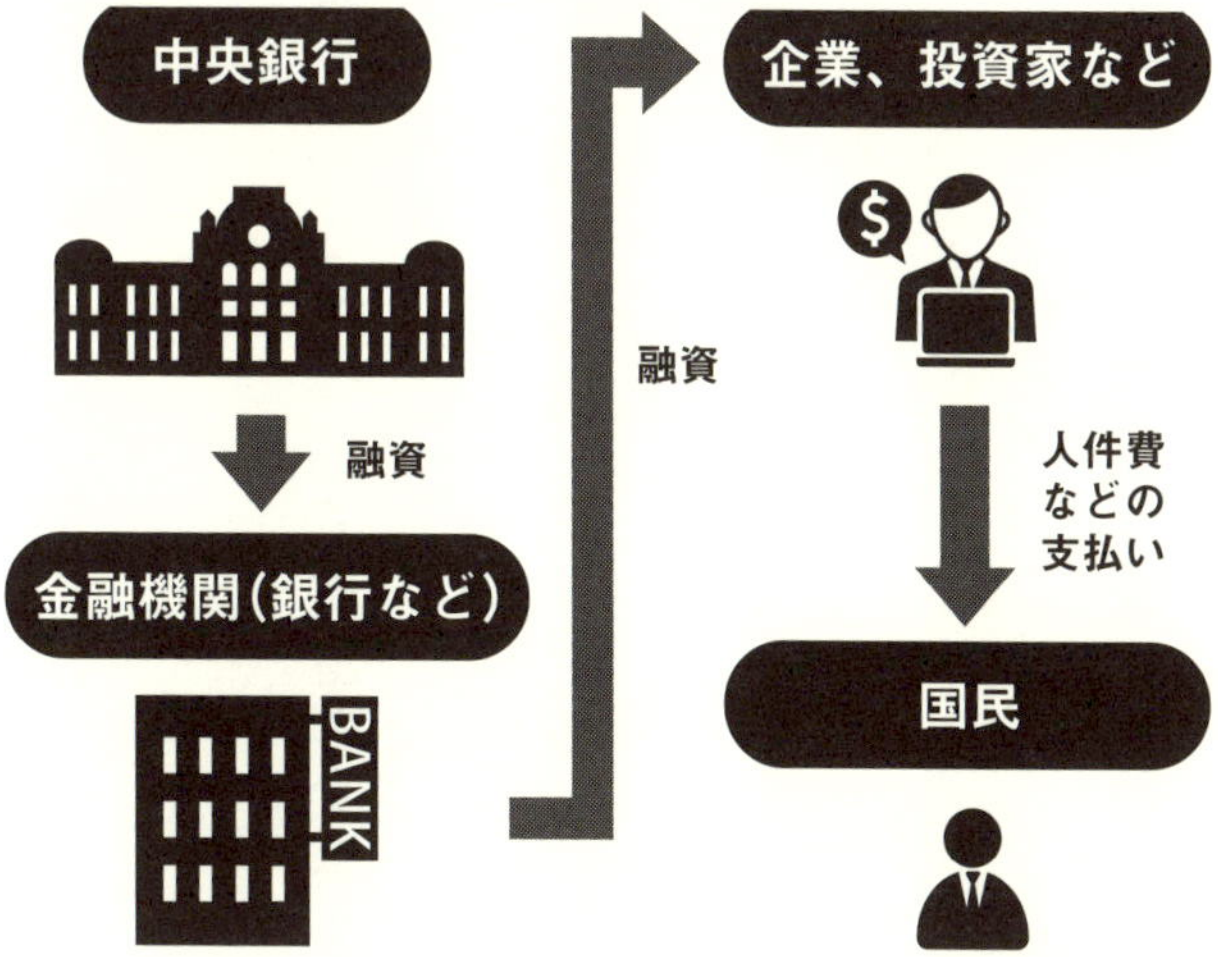

またこれは、データにも明確に表れているのである。日本の平均給料の推移と、物価の推移を見比べてみれば、それは一目瞭然なのだ。

日本の給料は、この20年間で20ポイントも下がっているが、国税庁のデータによると、給料が下がり始めたのは平成9年なのである。

しかし物価が下がり始めたのは平成10年だ（金融庁データ）。

つまり給料のほうが早く下がり始めたのである。

これを見ると、デフレになったから給料が下がったという解釈は、明らかに無理がある。

現在の日本のデフレの最大の要因は、賃金の低下と捉えるのが自然だろう。給料が下がったので消費が冷え、その結果物価が下がったというのが、ごくまっとうな解釈になるはずだ。

この20年間、先進国で賃金が上昇していないのは日本だけ

これは国際間のデータを比較すれば、明確に見えてくる。

実は、近年、先進国の中で、デフレで苦しんでいるのは日本だけなのだ。

そして、先進国の中で、この20年間で給与が下がっているのはほぼ日本だけなのである。

この20年間で、先進国はどこの国でもリーマン・ショックを経験し、同じように不景気を経てきた。

しかしOECDの統計によると、先進国はどこの国でも給料が上がっているのだ。

EUやアメリカでは、20年前に比べて平均収入が30ポイント以上も上がっている。日本だけが給料が下がっているのだ。

つまり、日本のデフレの原因について「日本国内でのデータ」と「国際比較でのデータ」の2つが同じ解答を示しているのである。

「この20年間、デフレで苦しんでいるのは先進国では日本だけ」

「この20年間、人件費が下がり続けているのは先進国では日本だけ」

この2つの事実を重ね合わせたとき、「日本は人件費が下がっているからデフレになっている」ということがわかるはずだ。

日本の企業は世界一ケチ

日本の企業の財務状況が悪く、人件費が上げられないという状況であれば、人件費が下がっても仕方ないかもしれない。

が、日本の企業は世界一内部留保金を貯めこんでおり、お金は腐るほど持っているのだ。日本の企業はバブル崩壊後、「国際競争力を高める」という建前のもと、賃金の上昇を抑えて非正規雇用の割合を増やしてきた。

しかも、バブル崩壊後の日本企業は決して業績が悪かったわけではなく、高い収益率を維持してきた。その結果、会社の中にお金が貯まりこみ、内部留保金は４５０兆円に達している。

これは日本経済の倍以上の規模を持つアメリカよりも大きい金額であり、断トツの世界一なのだ。

そして、日本企業は内部留保金を設備投資に回すことも少なく、現金預金で２００兆円を持っている。

つまり、日本経済はバブル崩壊後も決して悪くはなかったのだけれど、お金が企業の内部で滞留しているために、国民のところまで流れてこず、消費が増えない。だから、デフレで苦しんでいるのだ。


しかし、日本の政治家や経済評論家、財界人たちは、ずっとこの事実に目を向けず、「デフレから脱却すれば、すべてが好転する」というようなことを言ってきた。そして金融緩和により、デフレから脱却しようと試みてきたのだ。

いくら金融緩和をしたところで、給料が減っていれば安い物しか買えないわけで、物価が上がらないのは当然なのだ。

だから、「デフレを脱却すれば人件費が上がる」という発想をやめ、「まず人件費を上げることが先決」という考えを持つべきだったのだ。

さすがに政府も最近になってこのことに気づき、安倍首相などは、財界に賃金アップを働きかけたりもしている。ここ数年では、若干賃金も上がっている。

が、それでもバブル崩壊以降に下がった分に比べると、焼け石に水という程度なのだ。本気でデフレから脱却しようと思うのであれば、まず賃金の大幅アップをするべきだ。少なくとも、他の先進国がこの20年間に行ってきた分の賃金上昇くらいはやらないと、到底、日本はデフレから脱却はできないし、国民生活も良くはならない。

日銀がどれほど大規模な金融緩和をしても、「水道の元栓は全開にしているけれど、蛇口が錆びていて水が少ししか出ない」というような状況なのだ。

アメリカの金融緩和は何を意図していたのか？

話をもとに戻そう。

今のお金は社会が借金を増やし続けなければ成り立たないシステムになっており、先進国はどこもこのシステムではやっていけなくなりつつある。

もう社会はそれほど借金を増やさないので、お金が社会に流通しなくなってきているのだ。

それを補うために、昨今、先進国はこぞって金融緩和政策を採るようになった。アメリカのFRB(連邦準備制度理事会)などがやっていた金融緩和は、その代表と言える。FRBは金利を低くしたまま据え置き、FRB自身がアメリカの国債や、企業の債券などを購入するというものである。

2012年9月から行われたアメリカの金融緩和QE3では、月額400億ドル(約3兆円)もの債券を市場から買い取った。オペレーション・ツイスト(国債の買い入れ)と合わせて、月額850億ドルのお金を市場にばら撒いたのである。

FRBが市場から債券を買い取れば、金融市場にそれだけのお金が流れる。

お金の仕組みの欠陥を補うという観点からすれば、これは理に適っているかに見える。しかし、実際には根本的な問題は解決しないのだ。

この金融政策は、アメリカ国債などをFRBが買い取ることで、他の金融機関や投資家などが保有するアメリカ国債が減り、その分、余剰資金が生まれるという寸法である。その余剰資金を他の分野に融資することで、社会に出回るお金の量を増やそうとしたのだ。

しかし、その余剰資金が融資に向かわなければ、お金は社会にまで下りてこない。「誰かが借金をしないと社会にお金は出回らない」という仕組みは変わっていないのである。

金融緩和政策というのは、あくまで「社会がお金を借りやすくする」というものである。いくらお金が借りやすくなったところで、実際に誰かが借金を増やさなければ、社会の金回りは良くならないのだ。

余剰資金が生まれることによって確かに社会はお金が借りやすくなったが、だからといって、借金が増えるかどうかは別なのである。

日本も2013年から、アメリカの金融緩和を真似た「異次元の金融緩和」を行った。いわゆる黒田バズーカである。この黒田バズーカにより、株価は劇的に上昇し、景気も持ち直したかに見える。

しかし、この金融緩和策も、日本経済の根本的な改善にはなっていないのだ。

なぜ黒田バズーカは効果がないのか？

２０１８年7月31日、日銀の黒田総裁は、金融緩和の継続を発表した。

長期金利の上昇を容認するなどの若干の修正はあったが、これまでの大規模な金融緩和は継続するということである。

黒田バズーカと呼ばれる日銀の大規模な金融緩和政策が始まったのは、２０１３年４月のことである。

この金融緩和政策は、２％の物価上昇を目的に始められたものだ。当初はすぐにでも目標を達成するようなことを言われていたが、５年経ってもまだ達成されていない。達成する見込みも立っていない、という状況である。

なぜ黒田バズーカは成功しなかったのか？

これも、「お金の仕組み」の面から見れば、簡単に解けるのである。

デフレというのは、社会のお金の量が減っている状態である。デフレから脱却するには、社会全体の借金を増やさなければならない。

だから、日本の中央銀行である日本銀行が融資のハードルを低くして、社会全体がお金を借りやすいようにしよう、というのが黒田バズーカの神髄である。

この金融緩和の具体的な内容は、日銀が、国債やＥＴＦ、ＲＥＩＴと呼ばれる債券を大量に購入するというものだ。それで一旦、金融市場に大量の金が流れる。

国債というのは、普通、いろんな投資家や民間の金融機関が保持している。日銀がその国債を購入することで、投資家や民間金融機関が国債購入に充てていたお金を、他の投資に回してもらおう、というのが狙いである。


しかし、それが社会にちゃんと循環するのか？　という問題がある。

これは、あくまで「企業が借金をする環境を整えている」に過ぎない。借金しやすくなったからといって、企業が借金を増やすとは限らないのだ。

前述したように、金が社会に出回るためには、企業が借金をするしかない。

異次元金融緩和をして大量のお金をばらまいても、それは金融市場までしか届かない。金融市場から企業がお金を借りなければ、社会にお金は回っていかないのである。

そしてこれも前述したように、日本の企業の借入金は大して増えていない。むしろバブル期から比べれば、大幅に減っているのだ。

つまり、異次元金融緩和によって大量に放出された通貨は、金融市場だけで滞留し、一般の社会にまではほとんど流れてきていないということである。

何度か述べたように、産業が成熟した国の企業は、そうそうダイナミックな設備投資などは行わない。だから、金融緩和で金利が安くなったからといって、借入金が急増するようなことはないのである。

たとえば、ある銀行のセールスマンが、「審査基準を緩くして低利で融資をしますので、お金を借りてください」とあなたに言ってきたとする。でも、あなたは当面お金を借りる必要がない。

そういうとき、あなたは「お金が借りやすいからお金を借りよう」とするだろうか？

ほとんどの人は借りないはずである。

お金を借りる必要のない人は、どんなにお金が借りやすくても、無理やりお金を借りたりはしない。

いくら日銀が金融緩和をしたところで、企業の設備投資が劇的に増えるわけではない。当然、社会のお金の流れが良くなるわけではなく、デフレが解消されることもないのだ。

日銀の金融緩和政策はいずれ必ずやめなくてはならない

しかも、この日銀の金融緩和政策は、デフレが解消されようとされまいと、いずれ必ずやめなくてはならないのだ。

なぜならば、低金利が続けば銀行の経営が悪化してしまうからである。現在でも、地方銀行などは非常に経営が悪化しているのだ。このまま低金利が続けば、倒れてしまう銀行も出てくるかもしれない。

銀行が倒れればお金の供給源がなくなることになり、社会は大きな打撃を受ける。金融危機や恐慌の多くは、銀行の破綻が直接のきっかけになっているのだ。

だから、日銀は嫌でも低金利政策を近いうちに打ち切らざるを得ないのである。

が、これだけ低金利を続けてきた現在でさえ、デフレは解消されず、社会のお金の流れは良くなっていないのだ。これでもし金利が上がれば、デフレがさらに進行し、日本経済は衰退の一途をたどることになる。

また、金利が上昇すれば、莫大な財政赤字を抱えている政府の負担はさらに増える。へたをすれば政府のほうが、破綻してしまうかもしれない。

行くも地獄、引くも地獄であり、日本経済は袋小路に陥っているのである。

財政赤字で日本経済は救われている？

「誰かが借金をすることで社会にお金が回る」という今のお金の仕組みのもとで、企業の借入金が減っている日本は致命的な状況にある。

しかし、今の日本社会では、かろうじてお金は回っている。

今の日本は、どうやって社会にお金を流しているのか？


そのルートは、ざっくり言って2つある。

1つは国家予算である。

現在、日本は1000兆円以上の国債残高がある。しかも毎年20兆円以上も増え続けている。

この国債残高は、日本の財政の不健全性を象徴するものである。これほど巨額の財政赤字を抱えることは、国家の財政運営として、日本は非常に危うい状況だと言える。

が、「お金のシステム」という面から見た場合、政府が財政赤字であるからこそ、日本経済のバランスが保てているということになるのだ。

前述したように、バブル崩壊以降、日本企業は借金を減らしている。現在のお金の仕組みというのは、常に社会が借金を増やし続けていないと成り立たないので、企業が借金を減らしているのであれば、他の誰かが借金を増やさなければならない。

つまりは、日本政府が巨額の財政赤字を抱えることによって、日本のお金の流れが維持されているということである。

断っておくが、筆者は政府が巨額の財政赤字を抱えることを良しとしているわけではない。

日本の財政支出には問題点が多々ある。たとえば、待機児童問題は3〜4000億円も支出すれば簡単に解決するものなのに、たったそれだけの支出を渋ってきたのである。日本の国家予算は100兆円規模であり、待機児童のために3〜4000億円を支出することなどわけもないはずである。

今の日本において最大の問題は「少子高齢化」であり、待機児童問題などは何を差し置いても先にやらねばならないことである。

にもかかわらず、小泉元首相が待機児童ゼロ宣言をしてから20年近く経つというのに、いまだにこの問題を解決していないのだ。

その一方で、政権と関係の深い産業などには何兆円もの巨額の補助金を出したり、公共投資をしたりしているのである。こういう日本の財政状況を許していいわけはない。ただ、このことについては、本書の趣旨からははずれるので、これ以上の言及はしない。

ともかく筆者としては政府の財政状況を肯定するわけではなく、日本経済の現状として、政府の財政赤字が「社会のお金不足」を補っているという事実があることを述べておく。

日本が貿易黒字にこだわる理由

そして、今の日本が「金回り」を保っているもう1つのルートは「貿易黒字」である。

前述したが、今のお金の仕組みでは「貿易黒字」や「経常黒字」といった状況になると、その国の通貨量は増えることになっている。

そして日本は、長い間、経常黒字を続けている。この経常黒字によって、かろうじて国の金回りを保っているのである。

なぜ「貿易黒字」や「経常黒字」になると、その国の金回りが良くなるのか、その仕組みを今一度、説明したい。


現代の国際経済の構造では、輸出で得た外貨はその国の通貨に交換され、国内に出回るようになっている。

たとえば、日本の企業がアメリカにモノを売って100ドルの収益をあげたとしよう。日本の企業は、アメリカのドルを持っていても仕方がないので、日本の銀行でその100ドルを円に換える。現在のドル円相場から言えば、1万1000円程度である（2018年8月20日現在）。

このとき、両替された円が新しく日本社会に流れることになる。

つまりは、日本社会に流れているお金が、1万1000円分増えるということである。

筆者はこれまで、「お金というのは、銀行から誰かが借金することでしか社会に出ていかない」ということを何度も述べてきた。

が、輸出で得た外貨を自国の通貨に両替し、自国で使用すれば、その分だけ自国の通貨が増えることになるのだ。

ただ、そのときに両替される外貨は、そもそも外国で誰かが銀行にお金を借りることで社会に出てきたお金なので、煎じ詰めれば「お金というものは、誰かが銀行から借金することでしか社会に出回らない」ということになる。

それでも一国一国の単位で見れば、銀行から借金することの他に、「外貨の両替」によっても、お金の流通量を増やすことはできるのだ。

日本の場合、日本国内で企業が銀行から借金をすることは非常に減ってきているので、外貨の両替によって、社会のお金を増やすことがとても重要になってくる。

逆に言えば、日本経済は貿易黒字が減ると、たちまち立ち行かなくなる。今の日本経済は貿易黒字があって初めて回るようになっているのだ。

とはいえ、日本経済の体力自体が、貿易黒字に頼り切っているというわけではない。日本は対外債務を抱えているわけではないので、貿易が多少赤字になっても、しばらくはやっていけるのである。

しかし、今の日本では輸出が「通貨供給」の重要なルートとなっているので、輸出が減ればたちまち通貨の供給がストップしてしまうのだ。

日本の貿易収支は異常

そのため日本経済は血眼になって貿易黒字を稼ぎ続けてきた。

バブル崩壊以降、日本経済は低迷しているが、輸出に関しては決して低迷してはいなかった。

2007年の日本の輸出額は、バブルの絶頂期だった1991年と比べて約2倍になっている。

貿易収支も、バブル崩壊以降もずっと10兆円前後の黒字を続けている。赤字になったのは、東日本大震災の後になってからなのである。

2011年以降貿易赤字が続いているので、日本はヤバいのではないかと心配している人もいるかもしれない。が、2011年以降の赤字額も、これまで積み上げた貿易黒字に

外貨獲得によってお金が国内に回る仕組み

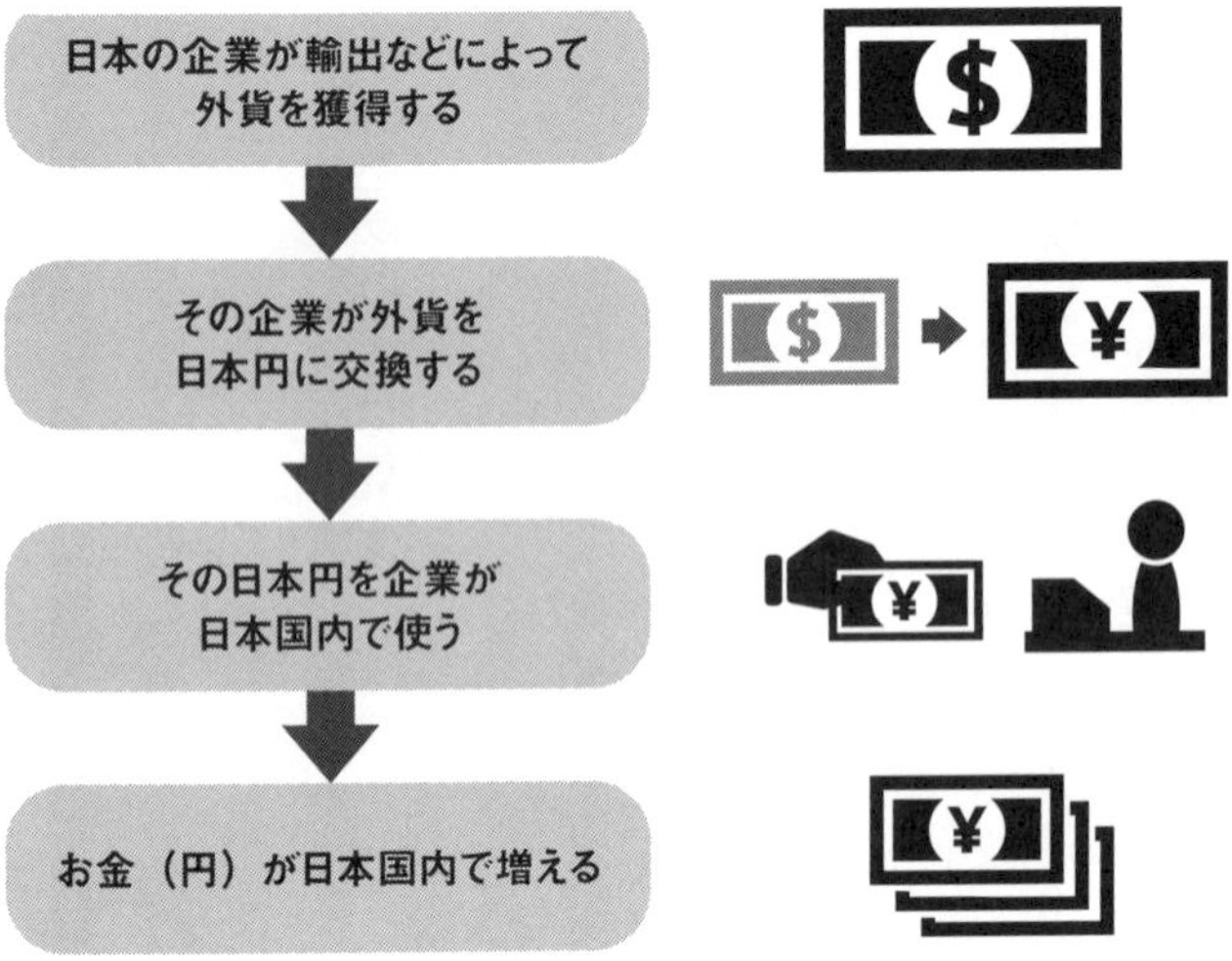

比べると、屁のような額なのである。

しかも、赤字になっているのは、「物」の輸出入のみの換算である。

近年、日本企業は自国でモノを作って輸出するよりも、海外に子会社を作って現地でモノを作るという傾向にある。つまり、物ではなく、資本を輸出するようになったのである。

この「資本」を含めた輸出入（経常収支）では、日本は震災以降もずっと黒字なのである。

「近年、日本経済の国際競争力が落ちた」などと言われることがあるが、決してそんなことはないのだ。

毎年毎年、10兆円もの貿易黒字を何十

年も続けてきた国、何十年もの間、経常収支が黒字を続けた国など、世界中どこにもないのだ。


日本が貿易黒字、経常収支の黒字を続けてきたのは、国策によるものでもある。

日本の政府は、戦後一貫して輸出が増進するような経済政策を行ってきた。

輸出企業には税制上の優遇策を行ったり、補助金を投入したりしてきた。

近年、中国企業などの台頭で輸出が厳しくなると、日本企業の海外移転を後押しし、経常収支の黒字を目指すようになった。経常収支というのは、輸出入だけではなく、配当などの資本の取引を含めた、すべての海外取引の収支のことである。

貿易で黒字が出せなくても、経常収支で黒字が出せれば、国の対外収支は黒字ということになる。

政府は、これに非常にこだわったのだ。

しかし、これは世界全体から見れば、かなり迷惑なことでもあるのだ。

世界貿易において日本は迷惑者？

日本のこの「貿易によって金回りを良くする」という経済システムは、実は、世界経済から見れば決して好ましいものではない。

外貨を稼いで自国通貨に両替し、自国の金回りを良くしたいのは、どこの国も同じである。

しかし、貿易の場合、黒字を出す国があれば、必ずそれと同じだけ赤字を出している国があるのだ。つまり、日本が「貿易によって国の金回りを良くしている」ということは、逆に「貿易によって金回りが悪くなっている国」もあるということだ。

貿易赤字が続いたり、経常赤字が蓄積しているような国は、その分だけ自国の金回りが悪くなっているのである。

それを考えたとき、日本は世界経済にとってはかなり迷惑な存在なのだ。

日本の外貨準備高は1兆2000億ドルをはるかに超えている。これは、EU全体の倍以上という莫大な金額である。

国民一人あたりにすれば、100万円以上の外貨準備高を持っている計算になり、断トツの世界一である。これは、中国の3倍以上にもなる。

日本の政治家やエコノミストは、「もっと輸出を増やして日本経済を復活させよう」と主張している。

しかし、この論には非常に無理があるし、現実的にもそれはあり得ない。

日本が貿易黒字をこれ以上増やしたら世界中から嫌われる、ということである。

何度も触れたが日本は今でも貿易黒字が累積していて、一人あたりの外貨準備高は世界一なのである。つまりは世界一の貿易黒字国と言っていい。その国がさらに貿易黒字を増やすとなると、世界経済は大きくバランスを失うだろう。

80年代、日本は「黒字が多すぎる」としてアメリカから相当にバッシングされたが、それ以上のバッシングが世界中から巻き起こるはずだ。

高度成長期には、なぜ国民生活が劇的に豊かになったのか？

日本経済は、戦後長い間、貿易収支や経常収支を黒字にすることを最大の目標としてきた。

「たくさん輸出をして、たくさん外貨を獲得すれば、国は豊かになれる」

という発想である。

確かにバブル崩壊までは、日本はこの方法で豊かになってきた。

それは、たまたま「お金の仕組み」と日本の経済状況がうまくマッチしていたからだ。

戦後の日本は非常に貧しく、インフラも整っていなかった。逆に言えば、「伸びしろ」が非常に大きかったのだ。

そんな中で輸出を増やし、外貨を獲得するというのは、国を豊かにするもっとも手っ取り早い手段だった。

日本は早くから教育制度を整えていたため、優秀な人材が多く、潜在的な産業力は大きかった。しかも、欧米に比べて人件費は著しく安い。

そのため、戦後の復興が一段落すると、日本の製品は強い輸出力により、欧米市場を席巻することになった。

アジア諸国のほとんどはまだ独立したばかりで国内は混乱しており、産業の点では遠く日本に及ばなかった。欧米並みの技術力を持ちながら、アジア並みの人件費で済む日本は、世界市場で圧倒的な強さを持つことになった。

獲得した外貨は日本円に交換され、当然、それは日本社会に流れるお金の量を激増させた。

また日本の産業界は、設備投資やインフラ整備のために、莫大な投資を行った。もちろん銀行から巨額の融資を受ける。その巨額の融資がまた、日本社会に次から次へと「新しいお金」を注入することになった。

そして「所得倍増」の掛け声により、そのお金は社会の隅々に行き渡り、日本人の生活は日々豊かになっていったのである。

高度成長期の日本は、本当に美味しい思いをしていた。年に10％近いような経済成長を記録し、国民は10年足らずで所得が倍増し、生活は急速に豊かになったのだ。

持続不可能な高度成長システム

そのため、日本の政府や財界は、まだ「高度成長期の再来」を夢見ている。

「高度成長期のような爆発的な経済成長が起きれば、財政問題や経済問題はすべて解決する」

と、考えているのだ。

確かに、毎年10％近いような経済成長をもし起こすことができれば、今の財政問題、経済問題のほとんどは解決するだろう。

しかし、冷静に考えれば、これは絶対に無理な話なのだ。

「現在」と「高度経済成長期」とでは、日本を取り巻く状況がまったく違う。

高度経済成長期当時は、まだ世界全体で開発が進んでおらず、東南アジアなどは今よりはるかに遅れていた。アジアの中で工業製品を輸出できる国というのは、日本くらいしかなかったのである。

だからこそ、日本は爆発的な勢いで経済成長ができたのだ。

また当時の日本は社会インフラも整っておらず、儲かったお金をインフラ投資することで、さらに経済成長するという好循環があった。お金がお金を呼び、みなが豊かになっていった。

しかし、現在の状況は、当時とはまったく違うのである。

今の日本は、もう産業設備も社会インフラも相当に整っている。だから、それほどインフラ投資をする余地はない。

日本社会はもう、銀行からの融資をあまり必要としていないのである。

そこで、貿易に頼ることになるのだが、これも思わしくない。

アジアや世界中の地域が発展し、競争相手も激増している。東南アジア、中国の成長は著しく、日本製品は、価格競争ではすでに太刀打ちできない。

そんな中で、日本がかつてのように輸出を急増させたり、爆発的な成長をするのは絶対に不可能なのである。

またもし、日本が今よりも輸出や経常収支の黒字を増加させるようなことになれば、世界中からバッシングされ、つまはじきにされてしまうだろう。

今のお金の仕組みでは、日本を取り巻く状況は非常に厳しいのである。

第5章

〝国連版仮想通貨〟の発行を

新しい通貨制度を

筆者はこれまで、現代のお金の仕組みがいかに矛盾だらけで、欠陥の多いものかを述べてきた。

繰り返しになるが、現在のお金の仕組みの最大の問題点は、

「誰かが借金をしないと社会にお金が回らないこと」

である。

その仕組みが、我々に「拡大再生産」「大量消費」を強要するようになっている。

我々の経済社会は、常に前の借金を返す義務を負っている。前の借金の返済のために、さらに新しい借金をしなければならない。そのためには、生産を拡大し、消費を増加させ続けなければならないのだ。

それが環境破壊を進ませ、働いても働いても楽になれないという社会システムを作っているのだ。

なぜこの問題点が今まで改善されずにきたのかというと、そもそもお金の仕組み自体が

綿密に制度設計されたものではなく、17世紀のヨーロッパの金匠の悪知恵をそのまま踏襲してしまったことに原因がある。

この「お金の仕組み」はいろんな欠陥が改善されていないし、現代の経済事情にまったく合っていない。

だから現代の経済事情に合わせたお金の仕組みを作るべきなのである。

21世紀の我々は、お金の仕組みを再検討し、改善する時期にきているのだ。むしろ、遅すぎるくらいである。今まで基本的なシステムが何も変わらずにきたことが不可思議なくらいだ。

もはや我々は、

「拡大再生産しなくてもお金が回る仕組み」

「借金に支配されないお金の仕組み」

を早急に作らなければならない時期にきている。

銀行に返さなくていい通貨を

お金の仕組みを再構築する際に一番大事なことは、
「借金以外でお金が社会に流れる仕組み」
を作ることである。

紙幣を発行してそれを融資し、いずれ回収するのではなく、発行してそのまま使用することで、社会に流すようにするのである。つまり、「銀行に返す必要のないお金」を作るのだ。

何度も述べたように、現在のお金の仕組み（中央銀行の発券システム）では、借り手が少なくなったり貯蓄が多くなれば、必ずお金の流通量が不足するという弊害があった。その弊害をなくすために、発行銀行に、融資だけではなく、贈与や費消の権利も与えるのだ。

もちろん、無制限に発行すればインフレを招いてしまう。

だから、その発行額や使途は、慎重に厳密に決められなければならない。

これについては、本当にそんなことができるかどうか疑問に思う人もいるだろう。発行した紙幣を回収することなく自由に使うことができれば、発行する側（政府）にとってこれほど便利なことはない。予算が不足すれば、通貨を発行すればいいからである。

そういう通貨は、実はこれまで歴史上に何度か登場している。しかし、政府が無計画に発行してしまい、市場の信用を失って流通しなくなるという弊害があった。

また、もし流通しても、政府が発行しすぎてインフレを招くという危険もあった。

だから、発行した通貨をそのまま使うということは、金融のルールとして忌避されるようになったのだ。そのため、紙幣を贈与したり費消して流通させることについては、疑問を投げかける方も多いはずだ。

しかし、そういう紙幣の発行が可能なことは、つい最近証明されたのである。

仮想通貨の衝撃

なぜこれまでお金の創出は「融資」と結び付けられていたかというと、ざっくり言えば、お金の価値を保持するためである。

現在のお金は、高額通貨はだいたい紙幣である。紙幣は、その原材料の価値だけから見れば、タダ同然である。

そのタダ同然のものを「価値があるもの」とするには、「借用書」という形を取るのがもっとも容易であり、信用がおけるものだった。

だから、お金は融資と結び付けられてきたのである。


しかし、お金の価値を保持するために融資と結び付けられているということは、逆に言えば、お金の価値が保持されれば、必ずしも融資と結び付けなくてもいいわけである。

お金は融資と結び付けられていなければ信用されないのか?

答えはノーである。

実は、この実証実験のようなことがつい最近、行われたばかりなのだ。

それは、「仮想通貨」である。


近年、仮想通貨というものが急速に世の中に出回ったことを、ご存知のはずだ。

この仮想通貨の成長を見たとき、融資と結び付かないお金の創出が決して不可能ではないことがわかるはずだ。

昨今の仮想通貨は、これまでの銀行券と大きく違う点がある。

それは、「融資で流通しているわけではない」ということである。

仮想通貨は通貨が「製造」された時点で、通貨としての価値を持たされているのである。そして製造された通貨は、融資ではなく、売買によって世の中に流れ出ていく。だから、仮想通貨は、今までの通貨のように銀行に返す必要がないのである。

しかも仮想通貨というのは、貴金属との兌換などの保障もない。

「価値の保証」は誰もしてくれないのである。

実物の通貨はそうではない。

実物の通貨は、貴金属との兌換こそされていないものの、その価値を維持するために、各国の中央銀行がある程度の資産を所有している。そして、もし、通貨の価値が暴落しそうになったときは、その資産を投げ出して、通貨の価値を維持するのである。

しかし、仮想通貨の場合は、中央組織が大量の貴金属を保有しているようなこともなければ、信用が傾いたときに、誰かが資産を投げ出して信用維持の努力をするようなこともない。

一般の通貨は発行国の中央銀行がメンツをかけてその価値を保証しようとするが、仮想通貨にはそういうことが一切ないのだ。

仮想通貨の価値は、完全に市場に任されている。つまり、仮想通貨の信用というのは、「人が信用するかどうか」だけなのだ。

そして仮想通貨は宣伝活動等により、世間の人の信用をある程度得ることに成功した。仮想通貨は価値の乱高下はあるものの、現在も流通している。ということは、「人が信用しさえすれば、通貨は流通する」のである。

断っておくが、筆者は現在の仮想通貨にはまったく賛同していないし、これ以上は広がらないと考えている。

仮想通貨は、

「中央銀行によらない新しい通貨」

「資本主義の弊害を打ち破る」

などとして推奨する経済人も多々いる。そういう人たちは、旧来の実業家ではなく、ネットで活発に発言している、いわゆる「インフルエンサー」が多い。

だから、ネットをより多く利用する若い人たちの間では、

「革命を起こす通貨だ」

ということで、飛びついた人も多々いる。

しかし、これはまったくの早計だと言える。

確かに仮想通貨は「中央銀行によらない新しい通貨」であることは間違いない。しかし、その本質は、最初に作り出した奴、最初に運営に参加した奴が、濡れ手に粟で巨額の利益を手にするという、これまでの資本主義の欠点をより凝縮したようなものなのである。

しかも、仮想通貨に飛びつく人々のほぼ100%は、その崇高なキャッチフレーズとは裏腹に、新しいものに早めに飛びついて、うまい汁を吸いたいと思っているだけである。

実際に、現在の仮想通貨は、設立や運営に関与している一部の人間が大儲けをしている。

その事実が今後、世の中に知れ渡ると、仮想通貨の信用は急激に落ちていくと思われる。

だから、筆者は、現在の濫発される仮想通貨は、先細りしていくだけだと考えている。

しかし、「融資という形ではなくても通貨は流通する」ということを体現した点では、仮想通貨は大きな意味があったと思われる。

仮想通貨が、通貨というものの新しい可能性を示したという面は確実にあるのだ。

貴金属や資産などの裏付けなどがまったくなくても、一定の人が「価値があるもの」と認識をすれば、通貨として流通するということである。

実際、現在の世界の通貨は、ほとんどが貴金属との結び付きはないので、本来は紙切れに過ぎない。各国が保有している資産や経済力が間接的な裏付けとなり、通貨として流通しているだけなのだ。

だから仮想通貨のような純然たる「創造通貨」が流通しても、おかしくないと言えばおかしくないはずではあった。

仮想通貨は、それを明確に体現したと言える。

逆に言えば、現在の仮想通貨のような胡散臭いものでさえ、ある程度の流通はするのだから、もし世界各国が協力して、国際経済に本当に役に立つ「世界通貨」を発行すれば、それは世界中で信用されて流通することは間違いないのだ。

〝国連版仮想通貨〟を

現在の仮想通貨は、国家や公的機関の後ろ盾がまったくないのに、一応、ある程度の価値を保持している。

そこで国連が仮想通貨を発行し、それを世界の人々に支給することを筆者としては推奨したい。国連が仮想通貨を発行すれば、通貨としての信用を得られるのは間違いない。そうすることで、これまでの通貨ではない通貨、つまり銀行に返さなくていい通貨を社会に供給するのだ。

もちろん、むやみやたらに発行すると通貨は信用されなくなるし、インフレを誘発する可能性もあるので、一定の基準を設ける必要はある。またその使途についても、十分に計算される必要があるだろう。

しかし、常識的に考えても、国連が仮想通貨を発行し、世界各国がそれを容認すれば、通貨として流通しないはずはないのだ。

つまりは、世界各国の同意を得さえすれば、〝国連版仮想通貨〟はすぐにでも発行できるのである。

具体的に言えば、次のような手順である。

インフレが起きない程度の発行額を、世界中の専門家によって算出する。

そして、その計算に基づいて発行された仮想通貨を、全世界の人々に平等に配布するのである。

理論的に言えば、経済成長した分の通貨の発行は可能なはずである。

というより、我々が拡大再生産のループから逃れるためには、理論上は、世界経済の成長分以上の通貨を補給しなければならない。

現在のお金の仕組みでは、経済成長した分だけ、世界の抱える借金が増えたことになり、その借金を返すために、また新たな借金をしなければならなくなる。このループを断ち切るためには、最低でも経済成長分の通貨を世界経済に供給しなければならないのである。

ただ仮装通貨の供給が世界経済にどのような影響をもたらすかを分析しなければならないので、最初は少額から始めたほうがいいだろう。

全世界の人々に毎年100ドル支給する

この世界通貨を流通させるもっとも有効な方法は、全世界の人々に一律で支給することだと言える。

IMFの発表によると、2017年の世界経済のGDP総額は約80兆ドルだった。日本円にして約8800兆円である。そして、世界経済成長率はだいたい3%台で推移している。

80兆ドルの3%というと、2・4兆ドル。日本円にして約264兆円である。毎年、国連がこの2・4兆ドル（264兆円）の仮想通貨を発行し、全世界の人々に均等に支給するのだ。現在の世界人口が約70億人なので、一人あたり約340ドル程度、日本円にすればだいたい3万7000円程度である。

しかし、最初から経済成長枠をめいっぱい支給するのは若干冒険なので、最初はその数分の1の毎年100ドル相当の世界通貨を全世界の人々に支給するのだ。

100ドルというと現在の日本円で約1万1000円である。

先進国の人々にとっては、年間1万1000円もらってもそれほど大した恩恵はないかもしれない。が、ただで1万1000円をくれると言われて、喜ばない人はいないはずだ。

そして、この全世界一律支給制度は、貧困層にこそ大きな恩恵がある。

今でも1日1ドル以下で生活している人は、世界に10億人近くいると見られている。また世界の約半数は、1日2ドル以下で生活しているのだ。

彼らに年間100ドルを支給すれば、数か月から半年近くの生活費を賄えることになる。彼らとしては、「ビッグボーナス」が毎年支給されることになるのだ。これほど喜ばしいことはないだろう。

しかも、全世界の人々に年間100ドルを支給したところで、その総額は7000億ドル程度である。日本円にして約70兆円ほどである。世界のGDPの総計は約8800兆円（80兆ドル）なので、その1%以下である。

世界経済規模の1%以下の通貨を発行しても、経済に支障をきたすようなインフレが起きる可能性はまったくないと言える。

世界でもっとも信用のできる通貨

「〝国連版仮想通貨〟を発行する」

と言うと、その信用性に疑問を持つ人もいるかもしれない。

しかし、それは無用の心配である。

むしろ、もし国連の決議のもとに仮想通貨を発行した場合、その通貨は世界でもっとも信用できる通貨になるはずだ。

前述したように、現在、世界各国が発行している通貨のほとんどは、明確に価値が保証されているわけではない。ニクソン・ショック以降、世界のほとんどの通貨は貴金属との兌換をやめてしまった。「貴金属との交換」という保証がされていない、いわばただの紙切れなのである。

発行する国の信用力によって、ぼんやりとその価値が保証されているに過ぎない。

だから、もし発行する国が経済破綻などをすれば、たちまちその通貨は価値を失う。実際に、財政破綻したために、通貨価値が何百分の1、何千分の1に下落したという国はいくつもあるのだ。

つまり、現在の通貨の価値は、その発行国が保証しているに過ぎないので、その国の経済状態によって、信用度が上下するのである。

しかし、〝国連版仮想通貨〟の場合はそうではない。

国連の決議で発行が決定されるということは、参加国がその価値を保証するということになるのだ。

「貴金属との兌換」以外では、「これ以上ない」というほどの価値保証になるはずだ。

世界でもっとも安心して使用できる通貨となるのだ。

なぜ〝IMF版〟ではなく〝国連版〟なのか？

「国際的な仮想通貨を発行するならば、国連ではなくてIMFで発行すればいいじゃないか」

と思う人もいるだろう。

確かに、IMFは「国際通貨基金」という名の国際機関であり、戦後の国際通貨の管理をしてきた。だから、ＩＭＦでやるべきという考えもわからないではない。

が、ＩＭＦは出資比率に応じて議決権が割り当てられている。現在、最大の議決権を持つのはアメリカで、約16％を持っている。重要議題については議決権の85％以上の承認が必要なので、アメリカは重要議題の拒否権を持つ形になっている。

つまり、ＩＭＦというのは、国際機関とは言いながら、かなりアメリカ寄りの機関なのである。

だから、「世界全体が示し合わせて共通の通貨を発行しよう」という場合には、ＩＭＦはそぐわないと思われるのだ。

国際仮想通貨は、世界各国が一票ずつの議決権を持つ国連の中で発行すべきだろう。

ドル・ペッグ制にすればアメリカのメンツも保てる

この〝国連版仮想通貨〟をスムーズに世界に供給するため、ドル・ペッグ制にすることが望まれる。

ドル・ペッグ制とは、通貨の価値をドルとリンクさせるということである。

たとえば、〝国連版仮想通貨〟の単位が1ユニオンだったとすれば、1ユニオン＝1ドルという価値で固定するのである。

つまりは、ドルの価値を基準にして、〝国連版仮想通貨〟の価値が決められるということだ。

このドル・ペッグ制というのは、発展途上国などで時々使用されている制度である。自国の通貨とドルをリンクさせることによって、自国の通貨を使いやすくするのが狙いだ。また通貨価値の保証にもなる。

その仕組みを、〝国連版仮想通貨〟にも導入するのだ。

そして、〝国連版仮想通貨〟の他の国の通貨との交換レートは、ドルとの交換レートと同額にする。

〝国連版仮想通貨〟が発行されれば、基軸通貨のドルを持つアメリカは、多少なりともメンツをつぶされた感になるはずだ。

それを払拭するために、〝国連版仮想通貨〟とドルをリンクさせるのである。

また価値がドルとリンクしていれば、世界中の国々で使われやすい。ドルは世界中の国際取引で使用されている通貨であり、そのドルと〝国連版仮想通貨〟が同額であれば、わかりやすいし、安心感がある。

“直接支給”にこだわるべし

「全世界の人に、一律に国連版仮想通貨を支給する」と提案すると、必ず「それよりも、貧困地域の発展に支出すればいいのではないか」という意見が出てくると思われる。

が、このスキームでは、「すべての人に直接支給する」のが、キモと言えるのである。

なぜなら、これまでのお金は、「富んでいる者」「力のある者」が銀行から借り受け、彼らが経済活動をしていく過程で、庶民にも流れていくという仕組みになっていた。

いわば、「山頂から流して平地に行き渡らせる」という仕組みになっていたのだ。これではどうしてもお金が行き渡らない地域も出てくるし、山頂付近ばかりが潤うことになる。

世界の貧富の差が生じた要因の1つに、この「山頂から流すお金の仕組み」があるのだ。

貧富の差を解消するには、山頂からだけではないお金のルートを作る必要がある。「金持ち→小金持ち→庶民」という流れではなく、最初から庶民が手にできるお金のルートを作るということだ。

山頂から流れてくるのではなく、大地全体から湧き出るお金を作るということである。

これは〝国連版仮想通貨〟の信用にもつながることである。

もし、〝国連版仮想通貨〟がこれまでの通貨と同様に、一部の富裕層や有力企業にまず流れるのであれば、世界全体の信用を得ることはできないはずだ。

「どうせまた、一部の国、一部の者が潤う仕組みなのだろう」

ということになり、敬遠する国や人々が数多く出てくるはずだ。

だから、「世界の人々にもれなく一定額を支給する」ことで、「世界の人々が信用できる通貨」にするのである。

技術的には十分に可能

またこういうことを言い出す人もいるはずだ。

「一人一人に支給するのは、技術的に難しいのではないか」と。

だから「世界の貧富の格差を解消したいのであれば、貧しい国の政府に支給すればいいじゃないか」ということである。

しかし、一人一人に支給するのは、そう難しいことではない。

仮想通貨は、携帯電話さえ持っていれば支給することができる。現在、携帯電話の普及率は、全世界で100%を超えている。複数台保持している人もいるので、世界の人々が100%持っているわけではないが、いずれ100%に近い状態になると思われる。

紛争地域などでは、支給の難しいところもあるかもしれない。が、〝国連版仮想通貨〟の支給を条件に紛争の停止を呼びかければ、紛争が終わる地域も多々出てくるはずだ。

紛争が続いているような地域では、年間100ドルの金というのは、相当な価値を持っている。紛争に参加している兵士たちも、その多くが経済的な問題を抱えているのである。

そういう兵士たちにとって、年間100ドルの支給というのはかなりの魅力があるはずだ。

「戦いをやめれば仮想通貨がもらえるのだから、一旦やめようか」

ということも増えるだろう。

それに、貧しい国の政府に支給するということについては、筆者は懐疑的である。

残念ながら政府や国家機関は、どこの地域においても、国民よりも権力者に利する傾向がある。そして、発展途上国や貧困国ほどそれが顕著なのである。

世界中に「どれだけ援助してもなかなか発展しない国」があるのは、そのためなのだ。

だから、貧富の差を解消するもっとも手っ取り早い方法は、やはり国民全体に「直接」支援することである。

だから、〝国連版仮想通貨〟は、世界の人々に「直接支給」するべきである。

地域紛争や独裁政権の解消にもつながる

「〝国連版仮想通貨〟などを発行すれば、独裁政権の資金源になるのではないか?」

と指摘する人もいるだろう。

確かに独裁政権の国では、〝国連版仮想通貨〟を無理に支給しようとすると、独裁者の資金源になってしまう恐れもある。

そういう地域には、無理に支給しないようにすればいいのである。

支給の最低条件として、

「各個人に支給されることが保証されていること」

とするのである。

この条件を満たしてない国には、支給しないようにする。また条件を満たしているかどうかの査察を受け入れない国にも、支給しないようにすればいいのである。

独裁政権に横取りされたり、支給されても各個人が自由に使えない状況であれば、支給しても意味がないからだ。

また、このことは、間接的に独裁政権の解消にもつながるはずだ。

支給条件を満たさず、国連マネーが支給できないような地域は、住民の不満も高まる。市民としては「なんで我が国の指導者は、国連マネーを受け入れてくれないのか」という話になるはずだ。そういう地域では、支給される〝国連版仮想通貨〟の購買力も大きいはずだから、それがあるのとないのとでは、国民生活に大きな差が出る。

他の国の国民はもらっている大きなお金を、自分たちの国はもらえないとなると、国民は大きな不満を持つはずだし、指導者としてもいたたまれないはずだ。

だから独裁政権も「国連マネーの受給確保」へ向かうだろう。自国の環境を整えて、「国連マネーが各個人に支給され、各個人がそれを自由に使える」という条件をクリアしようとするはずだ。

そうなれば、住民の人権の確立や、民主化の基盤整備の早道にもなるだろう。

また世界中で起きている地域紛争の多くは、貧しい地域の利権争いがその根本原因である。

貧しい国や地域では、国民はわずかなお金を得るために兵士になったり、犯罪に手を染めたりする例も少なくない。

〝国連版仮想通貨〟が支給されるようになれば、貧しい地域では「生活資金」が得られることになる。

もちろん、それだけで世界から紛争や犯罪がなくなるわけではない。しかし、その減少に大きく寄与することは間違いないはずだ。

必ずしも〝仮想〟通貨でなくてもいい

この〝国連版仮想通貨〟は、必ずしも〝仮想〟通貨でなくてもいい。

少々わかりにくい話だが、現在、存在する〝仮想通貨〟というのは、現物の紙幣などはなく、デジタル上にだけ存在する〝仮想〟のものである。現物は絶対に存在しないのだ。なぜ仮想通貨は現物の紙幣などを発行していないのかというと、それは各国の法律に抵触するからである。

世界中の国々では、基本的に私的な紙幣の発行は禁止されている。だから、仮想通貨の業者たちは現物紙幣の発行はできず、デジタルの中だけの通貨を発行しているのである。が、〝国連版仮想通貨〟の場合、世界各国の承認さえ得られれば、必ずしも〝仮想〟にこだわる必要はない。

世界中の国々が国連通貨の発行を認め、自国内での流通を許すのならば、国連は紙幣など現物の通貨を発行することができるようになるのだ。

現物の通貨があったほうが使いやすいことは確かである。

現物の紙幣があれば、携帯などのデジタル通信機器を持っていなくてもやり取りができるからだ。携帯を持たない貧困者にも、簡単に国連通貨を配布することができるようになる。

ただ、このあたりのことは各国の考え方次第であり、国によっては国連通貨の国内流通を認めないところも出てくるかもしれない。その場合は、現物通貨にこだわる必要もなく、仮想通貨として運用すればいいだけである。

また、初めは仮想通貨として出発し、世界での理解が進めば、現物通貨を発行するようにしてもいいだろう。

衝撃が大きい地域は弾力的にすればよい

世界には、1日1ドル以下で生活しているような貧しい地域もある。

そういう地域の人々に100ドルも支給すると生活が激変する可能性もある。場合によっては、働かなくなる人が出るなど悪いほうに向かうこともあるかもしれない。

その場合は各地域の支給の上限を「半年分の収入」などにするなど、弾力的な運用をすればいい。そして、上限からはみ出た残額は国連がプールしておき、その地域の物価の上昇に従って追加配分するようにすればいいのである。

ただし、これは非常に可能性が低いことだと思われる。

100ドルを支給することで国民の生活が向上し、仕事も増えることが予想されるからである。たとえば、今まで食べるのにやっとだった人たちが洋服を買えるようになれば、洋服の産業が栄えることになるし、外食できるようになれば外食産業が栄えることになる。

歴史的に見ても、これまでお金を持たなかった人が持つようになったり、貧しい人の収入が増えると、その社会の景気は非常に良くなり、発展するケースが多いのだ。

またこういう細かい部分については、状況に応じてブラッシュアップしていけばいいだけの話である。

当然のことながら、運用段階になればいろんな問題が生じてくるはずだ。それについては、その都度対処していけばいいのである。

肝心なことは、「一定のお金をすべての人々に平等に配布する」という目標をぶれずに実行することである。

貧しい人の欲求が世界経済に反映される

この「全世界一律支給方式」の恩恵は、貧しい人々が救済されるだけではない。世界経済が、今とは別の方向に動くということである。

これまでの世界経済は、投資家や大企業の意向が反映されてきた。

お金は、投資家や大企業が銀行から借りることで初めて社会に流れるものだから、必然的にお金は投資家や大企業が儲けるための動きをすることになる。

つまり、今までのお金は「大金持ちがさらに大金持ちになる方向」に向かっていたのである。

お金を借りた投資家や大企業も、そのお金を返すためには、それなりの儲けを出さなくてはならない。

そのため、我々は無理に拡大再生産を強いられ、やみくもな開発、無駄な消費を行ってきた。その結果が、深刻な環境破壊をもたらしたのである。

しかし「全世界一律支給方式」を採れば、多少とも「貧しい人が欲しいものを提供する経済」に方向転換されるはずである。

世界の人々に一律にお金が支給されるということは、貧しい人も世界経済における決定権を持てることになるのだ。

これまでの世界では余った食料があっても、それが金儲けに結び付かなければ廃棄されることが多々あった。食料の生産者や流通業者も、金を持っていない人に売ることはしないからだ。

しかし、これからは、貧しい人々は余った食糧を自分で買うことができるようになるのだ。世界の無駄が大幅に省けるはずだ。

本当の意味での「民主化」

またこの「世界の人々への一律支給」は、本当の意味での「民主化」の一助にもなる。

現在、世界の多くの地域では、一応「民主政治」が行われている。普通選挙によって指導者が選ばれるような仕組みは、一応作られているのだ。

しかし、実際には金を持つ人間の言うことが通りやすく、金を持たない人間の要望は無視されがちである。

それは途上国だけではなく日本をはじめ先進諸国でも同様だ。

なぜなら市民が「本当の権力」を持っていないからである。きれいごとを抜きにして、「本当の権力」というのは、やはりお金の力がかなり大きい。残念ながら社会の権力というのは、お金の力に大きな影響を受けるのである。

つまり、今のお金の仕組みが金持ちから市民に流れていくという構造になっているために、市民はお金を持っておらず、なかなか真の権力を持ちえなかったのである。

市民が「金持ちから供給されるのではないお金」を持てるようになれば、この権力関係は多少とも変わってくるはずである。

市民は、選挙で投票する権利を有するとともに、世界経済の一定部分の利潤を受け取る権利を有することになる。そうなれば、各国の政権はおのずから一般市民の要望を無視できなくなる。

それで本当の意味での「民主化」が達成されるのである。

世界経済の景気が大きく刺激される

また、この「全世界一律支給」を行えば、世界経済に大きな好影響をもたらすことは間違いない。

というのも、全世界の人々に支給された70兆円のほとんどは消費に向かうからだ。年間100ドルというのは、先進国の裕福な人たちにとっては何てことはない金額である。が、世界の大半の人にとって、100ドルは大金である。

貧しい人々、貯蓄をする余裕のない人々は、お金をもらえばそのまま消費する傾向が強い。そして世界の大半の人々は、貯蓄する余裕がないので、この70兆円の大半は消費に向かうと推定されるのだ。

世界の消費が70兆円増えるとなると、相当に大きなインパクトを世界の市場に与えるはずである。

発展途上国の産業だけではなく、先進国の産業にも大きな好影響をもたらすだろう。

先進国の負担が大幅に減る

〝国連版仮想通貨〟の発行は、先進国の負担も大幅に減らすことになる。

現在、先進国は、発展途上国に対して様々な形で援助を行っている。

また途上国や貧困国からは、難民や移民が先進国に入ってくることも多々ある。これも先進国にとっては大きな負担である。難民や移民が大量に入ってくれば、受け入れには多額の費用がかかる。また難民や移民の流入は、治安の悪化などを招きやすく、そういった点での負担も増す。

難民や移民は経済的な問題で発生するケースが多い。途上国の紛争の多くは、経済的な背景があるのだ。

〝国連版仮想通貨〟は、世界の人々が一律に一定額のお金をもらえるものなので、GDPの低い途上国や貧困国の国民こそ、もっとも大きな恩恵を受ける。GDPが低い地域では、それだけお金の価値は高くなるからである。

〝国連版仮想通貨〟により、生活が安定する人々も大量に出てくるはずだ。そうなると、先進国へ入ってきていた難民、移民も大幅に減るはずである。難民や移民も、自分の生まれた地域で生きていけるのならば、それが一番いいはずである。他国で暮らすのは苦労をともなうものだ。

発展途上国、貧困国に大きな恩恵があり、先進国には大きな負担減になる。

〝国連版仮想通貨〟は、まさにいいことずくめなのである。

世界の通貨の量を調整できるようになる

〝国連版仮想通貨〟はさらにもう1つ大きな長所がある。

それは、「世界の通貨の量をある程度調整できるようになる」ということである。

これまでの世界の通貨の量は、各国の中央銀行の方針に基づいた金融政策によって調整されることになっていた。が、何度か触れたように、中央銀行ができるのは、「社会が借金をする条件」を調整することだけである。お金を借りやすくしたり、借りにくくしたり、ということまでしかできない。

実際に社会に流れる通貨の量は、「その社会がどれだけ借金をするか」に委ねられているのだ。

だから人為的に社会の通貨の量を増やそうと思っても、なかなかできるものではない。しかし〝国連版仮想通貨〟を発行し、それを世界の人々に直接支給するようになれば、通貨の量をある程度調整できることになる。

「世界の人々に直接支給する金額」は、すなわち世界の通貨量の増加額となる。よって、「世界の人々に直接支給する金額」を増減することにより、世界の通貨量をある程度調整することができるのだ。

たとえば、世界経済が失速傾向にあるときは「世界の人々に直接支給する金額」を増やし、逆に世界全体がインフレ気味でバブル傾向にあるときは減らせばいいのである。

もちろん、「世界の人々に直接支給する金額」をあまり大きく増減させると、人々の生活に大きな影響を与えることになる。基準額は設けておき、ある程度の幅の中で増減させるのである。

この通貨量の調整をうまく使えるようになれば、リーマン・ショックや世界大恐慌のような金融災害はほとんどなくなるはずだ。

ハイパーインフレなどは絶対に起きない

「〝国連版仮想通貨〟を発行する」

などと言うと、終戦後の日本や第一次大戦後のドイツのようにハイパーインフレが起きる、と思っている人も多いようである。

しかし、発行総量を明確に管理している限り、そういうことは絶対に起きないのである。

そもそもハイパーインフレに対して、世間は大きな誤解をしている。

「国の経済が混乱したときには市場が制御不能になって、自然発生的にハイパーインフレが起きる」

というふうに思われているフシがある。

が、ハイパーインフレなどというのは、自然発生的に起きるものでは決してない。

考えてもみてほしい。

ハイパーインフレというのは、お金の価値が何千分の1、何万分の1に下落するという現象である。

これは、それだけ大量のお金が出回らないとまず起こらない。お金自体の数量が増えないのなら、インフレが起きるのは物理的に不可能だからだ。

ハイパーインフレが起きているときというのは、必ず国（もしくは中央銀行）が大量のお札を刷っているのである。政府が財政運営に行き詰まるなどし、どうしようもなくなって、自ら札を刷っているのだ。

今まで起こったハイパーインフレも、自然発生的に起きたものなど1つもない。必ず、政府（もしくは中央銀行）が何らかの理由で紙幣を大量に発行しているのである。その結果、ハイパーインフレが起きたのであり、政府側からすれば、いわば確信犯的な現象なのである。

たとえば終戦直後の日本でも超インフレが起きたが、これは徴用工場への支払いや、兵士の賃金の未払い経費が莫大な額に達していて、どうしようもなくなって大量の札を刷ったのである。だからこそ、激しいインフレが起きたのだ。

第一次大戦後のドイツもそうである。

当時のドイツは、ベルサイユ条約による過酷な賠償金の支払いに苦しんでいた。また中央銀行も連合国に管理されており、大量の札を発行せざるを得ない状況になっていたのである。

中南米などで起きたハイパーインフレもすべてそうである。

お金が大量に出回らないとハイパーインフレは起きないのであり、お金の発行は国（中央銀行）が管理しているのだ。

つまり、ハイパーインフレというのは、国の側が「もう仕方ない、やるか」という状況にならないと、絶対に起きない現象なのである。

だから、〝国連版仮想通貨〟を発行しただけで、自然発生的にハイパーインフレが起きることなどはあり得ず、発行の量が妥当な線ならば、金融市場に与える影響もほとんどないのである。

また昨今のコンピュータの発達などにより、インフレ率などは事前に計算することができる。

だから、社会に悪影響を与える大きなインフレが起きないように、〝国連版仮想通貨〟の発行量を調整することなどは、まったく容易なはずである。

我々が〝国連版仮想通貨〟に関して越えなければならない最大の障害は、よくよく検討もせずに「〝国連版仮想通貨〟などを発行すれば、ハイパーインフレが起きる」などと軽々しく発言する短絡的な発想なのである。

今の金融システムであっても、ハイパーインフレは起きるときには起きるのである。もし政府が国債を乱発したり、中央銀行が制限のない異常な貸出を行ったり、極端なモノ不足が生じれば、ハイパーインフレになる可能性はあるのだ。

超インフレについて配慮していなければならないのは現在も同様だ。〝国連版仮想通貨〟を発行したからといって、特にその危険性が高まるわけではないのである。

金持ちから間接的に税を取ることになる

〝国連版仮想通貨〟は、格差解消にも作用するものである。

〝国連版仮想通貨〟が発行された場合、損をする人はほぼいないのだが、あえているとすると、それは富裕層である。

なぜなら、世界のお金の量がそれだけ増えるのだから、世界のお金の価値が若干、下がることになるからだ。

つまり「世界のお金の価値が減る」ことを、世界の人々は甘受しなければならない。

究極の〝間接税〟だと言える。

しかも、この間接税は、金持ちの負担のほうが大きいので、貧富の差を解消する機能も果たす。

しかし、この〝国連版仮想通貨〟で金持ちが文句を言うかというと、決してそうはならない。

金持ちというのは、自分の資産が目減りすることには神経をとがらせるが、お金の価値の上下というのはあまり気にしない。彼らはお金も物も持っているので、お金の価値が下がれば物の価値が上がるので、あまり損をしないのである。

そして、景気が良くなることを、金持ちは非常に歓迎する。

たとえば、日本で、日銀が異次元金融緩和をしたら、投資家や金持ちたちは大歓迎した。日銀の異次元金融緩和というのは、日銀が金融商品を購入することで、社会のお金の流通量を増やすという金融政策である。国全体の富が増えていないのに、お金の流通量だけが増えれば、総体的にお金の価値は下がる。だから、本来はお金をたくさん持っていた人ほど損をしたはずである。

しかし、投資家や金持ちは、日銀の異次元金融緩和を大歓迎した。それは、「株価が上がる可能性があること」「景気が良くなる可能性があること」が要因である。

そして金融緩和をしたところで、金持ちの資産価値にそう影響はないということを知っているからである。

だから〝国連版仮想通貨〟を発行しても、必ず景気が良くなるとなれば、反対する者はいないはずである。

〝国連版仮想通貨〟は、誰も損をしない、誰もが得をする〝間接税〟なのである。

いい税金の条件とは？

ところで、いい税金とは、どういう税金かご存知だろうか？

いい税金の条件は、主に次の４つだと言える。

1 国民の負担感が少ないこと
2 税金の徴収が容易なこと
3 多くの税収が見込めること

4 所得の再分配（格差解消）の機能があること

1から4を順に説明していきたい。

1の「国民の負担感が少ないこと」は、すぐにご理解いただけると思う。国民の負担感が大きければ、国民は不満を抱くし、経済の活性化を阻害することにもなる。

2の「税金の徴収が容易なこと」というのは、一般の人には少しわかりにくいかもしれないが、これも重要なことである。税金をかけても、その徴収に手間や費用がかかるのであれば、税としての価値はない。たとえば、消費税などは未納率が非常に高い。未納率が高いということは、税務署員の人件費も高くつくし、税収も計算通りに行かない。そういう税金は、あまりよくないと言える。

3の「多くの税収が見込めること」も、すぐにご理解いただけるはずである。税収は多いに越したことはないからだ。

4の「所得の再分配（格差解消）の機能があること」というのは、税金には、税収としての意味の他に、所得の再分配としての機能がある。簡単に言えば、金持ちのお金を貧しい人に移すということである。そうすることで、経済社会のひずみを修正し、社会の安定をもたらすのである。

だから、先進国の所得税などは、高額所得者ほど税率が高く設定されているのだ。しかし、富裕層はタックスヘイブンなどを利用するなどして、まともに税金を払わない。各国とも富裕層からきちんと税金を取るのは非常に難しく、なかなか「所得の再分配」の機能は果たせないのである。

が、実は、〝国連版仮想通貨〟の発行というのは、この4つの条件をすべて満たしている〝理想的な税金〟だと言えるのだ。

〝国連版仮想通貨〟は理想の税金

〝国連版仮想通貨〟の発行が、いい税金の条件をすべて満たしていることを具体的に説明していきたい。

1の条件である「国民の負担感が少ないこと」については、〝国連版仮想通貨〟は、世界の人々が自分の収入や資産から支払うものではないので、負担感はほぼゼロと言える。だから、この条件においては最高値の〝税金〟なのである。

2の条件である「税金の徴収が容易なこと」についても、〝国連版仮想通貨〟は発行さえすれば税金としての機能を果たすのだから、誰かから徴収する必要もなければ、未納になる恐れもない。徴税費用は発行費用のみであり、税務官僚の手間もいらないし、納税者が申告をする労力もいらない。

この条件においても満点だといえる。

3の「多くの税収が見込めること」についても、〝国連版仮想通貨〟は莫大な税収が簡単に確保できる。よってこの条件においても最高値といえる。

4の「所得の再分配の機能」についても、理想的である。

前述したように、世界に流通するお金の量が増えてお金の価値が下がれば、お金をたくさん持っていた者ほど損をすることになる。だから、〝国連版仮想通貨〟を発行すれば、お金をたくさん持っている者から、間接的に税金を取るのと同じなのである。しかも〝国連版仮想通貨〟はそのまま世界中の人々に均等に配布されるので、これ以上ないというほどの「所得の再分配機能」を持っているのである。

そして〝国連版仮想通貨〟は、「景気にも害のない税金」だとも言える。

現在の税金は、社会に出ているお金を国家が吸い取る形で徴収されている。

これは、社会のお金の流通量を減らすことになる。

なぜなら、人や企業が持っていたお金を国（自治体含む）が税金として取り上げて、それが国庫に納められる。そのお金が支出されるまでの間は、社会に流通するお金は増えるどころか減ることになる。

だから、税金は社会全体の金の量を減らす作用を持っているのである。つまりは、景気を停滞させるのだ。

しかし、〝国連版仮想通貨〟を発行した場合は、お金そのものの量が増えるのである。直接税金を取るわけではないので、個人や企業からお金が吸い上げられることもない。

しかも、全世界に莫大な通貨を流通させるので、大きな経済効果が期待できるのだ。

すべてを平等に配分するわけではない

ここで留意していただきたいのは、私は何も「世界中のお金をすべて世界の人々に平等に分配するべし」などとは言っていないということである。

ネットにあふれる〝自称〟の賢者たちは、前後の文脈などをまったく無視して、ちょっとした言動を捉えて極端な糾弾をしたがる。

私のこの主張に関しても、「こいつは共産主義者だ」などとレッテルを張って、批判したがる「資本主義原理主義者」の方が、必ず出てくると思われる。

筆者も21世紀に生きる人間なので、共産主義の「すべてを平等にする」という思想が机上の空論であることは、重々承知している。

どれだけ働いても同じ報酬しか得られないのであれば、人は勤労意欲を著しくなくすものであるし、それは歴史的にも証明されている。

また人は「まったく平等な社会」などに我慢できるものではない。歴史上、存在した共産主義国家でも、真に国民が平等だった国など1つもない。共産主義国家は、どこも一部の党幹部だけが潤う仕組みになっており、むしろ資本主義国家よりも不平等だった。東欧の共産主義国家が崩壊したのも、平等だったからではなく、著しく不平等だったからなのである。

だから、筆者は20世紀の遺物である共産主義を標榜するつもりは、毛頭ない。

しかし、だからといって、現在の資本主義制度が１００％肯定されるべきではないはずだ。現在の資本主義にも多々の欠陥がある。ここまでの貧富の差や、無責任な環境破壊をこのまま放置していいはずはないのだ。

そして、資本主義の多々の欠陥のうち、もっとも目につくのが「お金の仕組み」なのである。

「誰かが借金をすることでしかお金は生まれない」

という今のお金の仕組みは、どう考えても重大な欠陥がある。

社会はお金を生み出すために、常に拡大再生産と浪費が義務付けられている。

そして、「社会全体に必要なお金は常に不足している」という状況の中で、過度な競争が生まれ、生き馬の目を抜くビジネス戦争があらゆる場所で繰り広げられている。

そういう状況を改善するために、社会全体が認める「新しいお金」を生み出す必要があると言っているのだ。

そして、そのお金は、これまでのように一部の者が金儲けをするために生み出されるものではなく、「世界経済の成長部分を世界全体に分配する」という方式であるべきだと言っているだけである。世界のお金全体を分配するのではなく、「世界経済の成長部分」を算出し、その部分だけを平等に分配すべしということである。これまでの通貨制度ももちろん残していい。

競争社会、資本主義社会の良い部分は残しつつ、悪い部分は除去すべきということである。

世界的な経済学者も提言

〝国連版仮想通貨〟の最大の問題というのは、「近年の先進国でこれをやった国はまだない」ということである。

個々の問題というのは、そう大したことではない。

インフレの問題、流通の問題、どれもそう大きな障害ではない。

常識的に考えれば、〝国連版仮想通貨〟がハイパーインフレを起こす可能性はないし、国際秩序がこれだけ安定している中で、〝国連版仮想通貨〟が流通しないなどもあり得ない。

それに、この〝国連版仮想通貨〟というのは、筆者のちょっとした思い付きなどではない。

「銀行融資以外での通貨の発行」は、著名な経済学者の間でかねてから有効な経済政策としてたびたび提言されてきた。

実は、たとえばノーベル経済学賞を受賞したジェームズ・ブキャナンも、国債の発行で需要を喚起するのではなく、政府通貨の発行を勧めている。

また日本の元大蔵官僚の榊原英資氏や経済学者の森永卓郎氏なども、政府通貨の発行を主張したことがある。

これらの提言が受け入れられないのは、「前例がない」からである。

そして、銀行融資以外の通貨の発行は、どこの国も実はやりたがっていると思われる。「金回りの悪さ」と「財政赤字」は先進国共通の悩みであり、これを解消するには、銀行融資以外の通貨の発行が有効ではないか、という見方は少なからずあるからだ。

しかし、ただただ前例がないので、どこの国も躊躇しているというだけなのである。

また一国だけがそれを採用した場合、他国との為替などの問題が生じる。どの国も「銀行融資による通貨」しか発行していない中で、一国だけが銀行融資によらない政府通貨を発行した場合、果たして他の国がその通貨を認めてくれるかということである。通貨として認めてもらえなければ、その国は貿易などで大きな支障をきたすことになる。

そのため、どの国も踏みこめないでいるのだ。

が、国連ならば、それは可能だと言える。

国連が仮想通貨を発行し、それを国連加盟各国が了承したならば、貿易などでも支障なく使用できるはずだ。

「銀行の融資によらず、必要な通貨を中央政府が発行する」

「それを国民全般に配布することで社会に流通させる」

国連が世界に先駆けてこれを行い成功させれば、世界の税制や金融システムを変革させ、経済、金融を安定させることができるかもしれないのだ。

おそらく銀行は猛反対する

〝国連版仮想通貨〟を発行しようとするとき、おそらくもっとも反対するのは銀行だと思われる。

〝国連版仮想通貨〟で損する人はほとんどいないのだが、唯一、銀行だけが負の影響を受けると思われるのだ。といっても、銀行がバタバタつぶれるような大きなダメージを受けるわけではない。

これまで銀行が独占していた「お金の供給」という役割を、〝国連版仮想通貨〟も担うことになるため、経済社会における銀行の比重がわずかに下がることになるのだ。また、銀行はこれまで、「唯一のお金の供給源」ということで、世界各国から手厚い保護を受けてきた。その手厚い保護が、若干薄くなるかもしれない。

銀行としては、自分たちの地位が少しでも下がるのは面白くないだろう。だから世界中の銀行がタッグを組んで猛反対するかもしれない。

小難しい理屈を並べ立てて、〝国連版仮想通貨〟を排撃しようとしてくるだろう。が、どんなに小難しい理屈を並べたところで、今の「銀行制度」「お金の仕組み」というものが、17世紀のヨーロッパ商人の悪知恵からきているのは、動かしがたい事実なのである。今の「銀行制度」や「お金の仕組み」に、正当性があるわけはないのだ。

また、今の「銀行制度」や「お金の仕組み」が、我々の社会を本当に豊かにし、我々を幸福にしてきたのならば、まだ銀行の主張は聞けるかもしれない。しかし、今の経済社会を見れば、決してそうではないことが、誰にでもわかるはずだ。

今のお金の仕組みは明らかに欠陥を有し、その欠陥により幾度も世界経済を混乱に陥れている。しかも、「投資を増やし続けなくては回らない」というお金の仕組みは、無理な拡大生産、拡大消費を社会に強いることになり、人類の存亡の危機に関わるほどの環境悪化をもたらしている。

今のお金の仕組みは、早々に改善が必要なことは間違いないのである。

また〝国連版仮想通貨〟により、銀行も大きな恩恵を受ける面がある。

銀行は現在、景気の調整役も担わされているため、たびたび低金利を強いられている。景気を刺激するために、政府や社会は銀行に低金利を求め、銀行はそれに応じざるを得ないのである。

銀行は、貸付金の利子が収支の種なので、金利が低ければ、当然、収入は少なくなる。低金利が続けば、経営が傾く銀行も増える。

しかし、〝国連版仮想通貨〟が発行され、景気を刺激するようになれば、銀行の景気調整役としての負担は軽くなる。低金利の呪縛から解放され、本来の銀行ビジネスに戻れるのである。

おわりに

本文で記した「お金の仕組み」の欠陥は、世界経済に様々な弊害をもたらしているだけでなく、実は日本の将来にも、重大な影響を与えることが予想される。

ご存知のように、日本は現在、深刻な「少子高齢化社会」を迎えつつある。日本は今後数十年の間、ほぼ確実に人口が減少していくのである。

何度も述べたように、現在のお金の仕組みは、社会が借金を増やし続けることによって成り立っている。

しかし、人口が減少していけば、借金を増やし続けることは相当に難しいはずだ。人口が減るということは、必然的に消費も減るし、国全体の生産力も減る。

合理化や技術の進歩でカバーしようとしても、それには限界がある。輸出を増やすことで補おうと思っても、今でさえそれを全力で行っているのだから、これ以上の輸出増加は無理だろう。それに、これ以上、日本が輸出を増やせば、世界中から非難を浴びるはずだ。国が借金を増やそうにも、今でさえ国の債務は限界に近いのだから、これ以上の借金を背負うのは無理である。

つまり、どう考えても、日本社会は今後、借金を増やし続けるような体力はない。そして、借金が減ると、お金のシステムは破綻してしまうことになる。

「前の借金を返すために、新たにそれ以上の借金をする。そうすることで社会にお金が流れる」

このようなお金のシステムは、これからの日本は到底維持していけない。

日本政府は巨額の財政赤字を抱えて身動きが取れず、社会にはお金が回らず、デフレが加速していくことになる。日銀がどんなに金融緩和をしても、社会は銀行からお金を借りることができない（その体力がない）。銀行はバタバタとつぶれ、国の生産力も落ち、お金のない老人ばかりがあふれる、地獄のような社会が到来することになる。

どんな楽観的な経済評論家も、「地獄が待つ」という日本の行く末について、真っ向から反論することはできないはずだ。彼らが反論できるような材料は、どう考えても見当たらない。

だから、「お金の仕組みの改善」というのは、日本こそがもっとも切実に取り組まなくてはならない課題なのである。

今なら日本はまだ世界第3位の経済大国であり、国富や外貨準備高などでも、世界的に大きな存在感がある。だから今、日本が本気で世界に働きかければ、それなりの影響を及ぼすことができるはずだ。

世界にとっても、貧富の差や環境破壊は深刻な問題であり、お金のシステム改善は一刻一秒を争う緊急の課題でもある。

何より17世紀の商人の悪知恵でつくられたお金のシステムが、しかも、人類に幾多の災いをもたらしてきた欠陥システムであるにもかかわらず、いまだに抜本的な改善について、ほとんど何も議論されていないのは、人類の大きな怠慢だといえる。

お金の仕組みの欠陥について、なぜ人類は抜本的な改善を試みなかったのか？

それは、おそらく人類のほとんどが自分のお金を確保することに必死で、お金の仕組み自体を見直すような余裕がなかったからだと思われる。

各自が自分のお金を確保するために必死になっているうちに、環境は破壊されつくし、貧富の差で社会が歪んでしまったのである。

しかし、もはや各自が自分のお金の確保に必死になっている場合ではない。一刻も早い「お金システムの改善」が求められている。

そのことを強く訴えたく、本書を執筆した次第である。

最後に、微妙なテーマであるにもかかわらず著者の自由に書かせていただいたビジネス社の唐津氏をはじめ、本書の制作に尽力をいただいた皆様に、この場をお借りして御礼を申し上げます。

２０１８年10月

著者

［略歴］

大村　大次郎（おおむら・おおじろう）

大阪府出身。元国税調査官。国税局で10年間、主に法人税担当調査官として勤務し、退職後、経営コンサルタント、フリーライターとなる。執筆、ラジオ出演、フジテレビ「マルサ!!」の監修など幅広く活躍中。主な著書に『相続税を払う奴はバカ！』『お金で読み解く明治維新』『アメリカは世界の平和を許さない』『99％の会社も社員も得をする給料革命』『世界が喰いつくす日本経済』『ブッダはダメ人間だった』『「見えない」税金の恐怖』『完全図解版 あらゆる領収書は経費で落とせる』『税金を払う奴はバカ！』（以上、ビジネス社）、『「金持ち社長」に学ぶ禁断の蓄財術』『あらゆる領収書は経費で落とせる』『税務署員だけのヒミツの節税術』（以上、中公新書ラクレ）、『税務署が嫌がる「税金０円」の裏ワザ』（双葉新書）、『無税生活』（ベスト新書）、『決算書の９割は嘘である』（幻冬舎新書）、『税金の抜け穴』（角川 one テーマ21）など多数。

ほんとうは恐ろしいお金《マネー》のしくみ

2018年12月１日　　第１刷発行

著　者　大村 大次郎
発行者　唐津 隆
発行所　株式会社ビジネス社
〒162-0805　東京都新宿区矢来町114番地 神楽坂高橋ビル5F
電話　03(5227)1602　FAX　03(5227)1603
http://www.business-sha.co.jp

〈カバーデザイン〉金子眞枝
〈本文組版〉茂呂田剛（エムアンドケイ）
〈印刷・製本〉中央精版印刷株式会社
〈編集担当〉山浦秀紀　〈営業担当〉山口健志

ISBN978-4-8284-2063-9